精神療法家のひとりごと

成田善弘

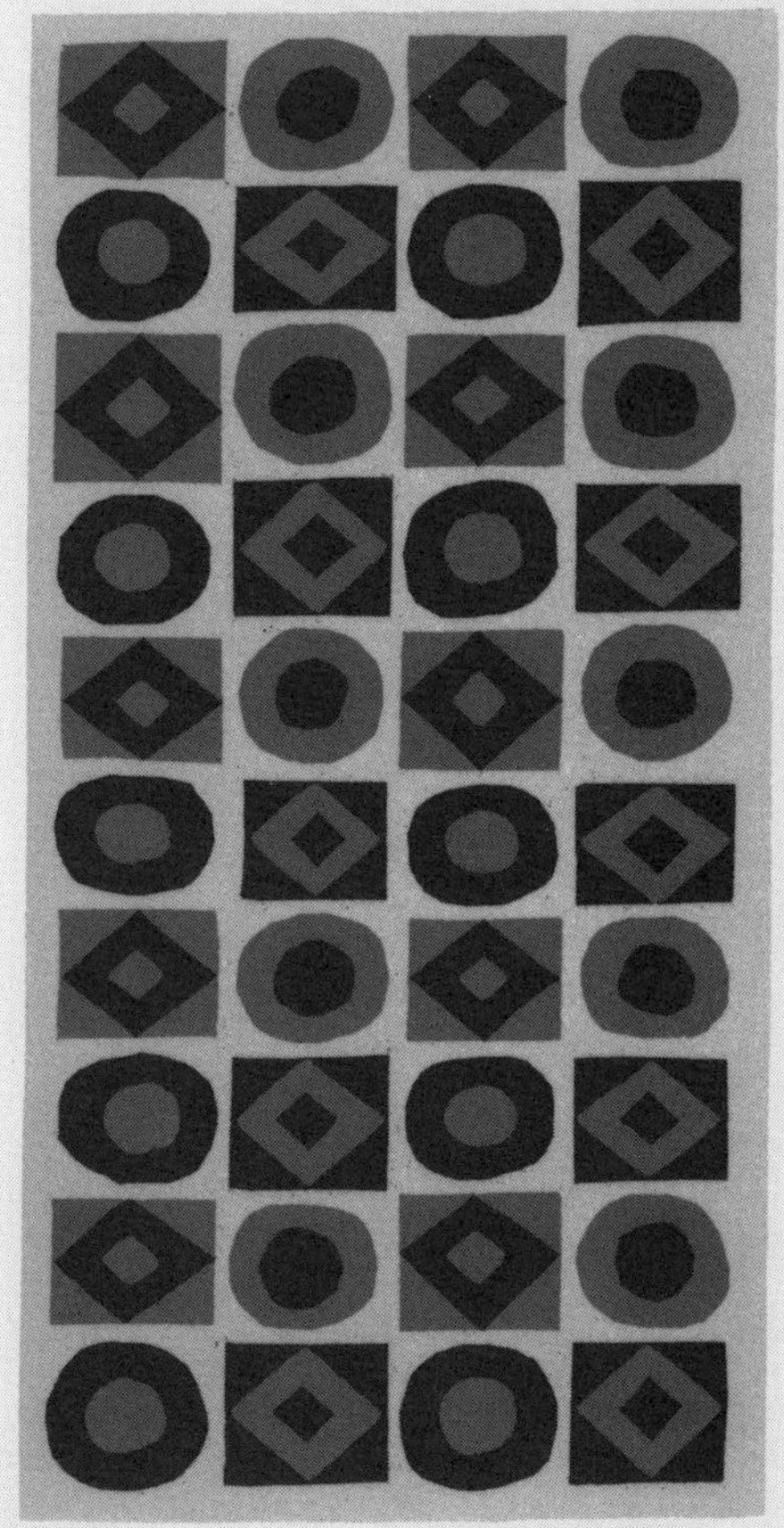

金剛出版

目次

精神療法家のひとりごと

「本を読む」ということ

臨床につながることなら何でも自由に書いてよいとのことなので、精神科医、精神療法家としての長い経験の中から浮かび上ってくるよしなしごとをあれこれ書いてゆこうと思う。

子どもの頃から本が好きでいろいろ読んできた。精神科医になってからも、勉強のためあるいは楽しみのために、ほとんど毎日何かを読んでいる。

ところがこの頃の若い人たちはあまり本を読まないらしい。知りたいことはパソコンやスマホで検索すればすぐにわかる。辞書もあまり引かない。スマホや電子辞書で間に合う。その方が、自分の求めることが書いてあるかどうかすぐにはわからない本を読むより手っ取り早い。どうもそういうことらしい。

ある精神分析のセミナーで自己開示の話をし、フロイトも『夢解釈』の中で大いに自己を語っているという話をしたとき、受講者に『夢解釈』を読んでいますかと訊いたら、五〇人ばかりの受講者のうち、読んでいると手を挙げた人はほんの数人しかいなかった。精神分析セミナーの受講者にしてこうである。なんだか手を挙げた人の方が恥ずかしそうだった。

またある会で漱石の『坊っちゃん』にふれた話をしたとき、会が終ったあと、ある若い心理士から『坊っちゃん』を読んだことがないのです。読んでみたいと思いますが、昔の人の本だから今は本屋さんに売っていないでしょう」と言われたのには本当にびっくりした。漱石全集は今ももちろん売られているし、全集を求めなくても漱石の作品の多くは文庫本で読むことができる。

またある大学の先生からこういう話を聞いた。卒論の指導をしていて、ある学生の書いたものに文献が一つもとりあげられていなかったので参考文献を読むように言ったところ、その学生が「僕は他人の考えに影響されるのが嫌なので、本は読まないことにしています」と堂々と反論したという。これにもびっくりした。われわれの世代には本は神聖なもので、できるだけ読んで学ばなければならないものだった。それぞれの領域で読むべき本というものがあり、それを読んでいないことは恥ずかしいことだった。ところが今はそうではないらしい。

たしかに、本を読めばその著者に影響されるであろうし、さらには従属することになるかもしれない。そういう従属学者がわが国には沢山いる。昔から、日本の学者と言われる人には第二の母国があると言われてきた。昔は第二の母国は中国だけであった。中国の古典に通じている人が学者であった。ところがしだいに第二の母国の数が増えて、オランダ、イギリス、ドイツ、フランス、アメリカなどが加わった。精神分析の世界でも、イギリス、フランス、アメリカなどを第二の母国としている人が多い。そういう人たちは第二の母国に留学し、そこで学んできたことを日本に持ち帰って日本人の蒙をひらこうとする。最近ではさらに細分化してクライン国、ビオン国、その他が幅をきかせている。これらは第二の親といった方がよいかもしれない。こういう第二の母国あるいは外国人の第二の親をもつことを国際的だと勘違いしているように見える。こういう人たちを見ていると、本を読むと他人の考えに影響されるから読まないようにしているという主張も一見識のように思える。

念のため断っておくが、外国の進んだ学問を輸入することが悪いと言っているのではない。それは必要なことである。ただ、輸入業者にとどまっていることへの羞恥と焦燥のないところには独自の学問は生まれないであろう。

私はフロイトも漱石も読んではいる。もっともスタンダード・エディションも漱石全集も隅から隅まで熟読したわけではない。中には二度、三度と読んだ作品もあるが、その内容を克明に覚えているわけではない。どんなことが書いてありましたかと訊かれると、答に窮することが多い。しかし一応読んだことは事実なので、読んだような顔をして、ときどきその作品について語ったり、気に入っている字句を引用したりしている。

しかしこれで本当に読んだと言えるのか。読んでいない人とたいして違わないのではないかと思う。ほかにも読んだはずだが内容はほとんど覚えていない本が沢山ある。私は今までに精神療法、精神分析に関する本を七〇冊ほど書評したが、どんな本を書評したか思い出そうとしても題名すら浮かんでこない本が多い。まして内容などほとんど覚えていない。書評をしたのだからまあていねいに読んだはずなのにこのていたらくである。それによくよく反省してみると、書評をした本を本当に隅から隅まで熟読したかどうかだんだん心許なくなってくる。まえがき、あとがき、目次を見て、面白そうな章をこれはさすがにたんねんに読んで、あとは流し読みというのが実情だ。

はたしてこんなことでいいのだろうかとぼんやり思っていたら、『読んでいない本について堂々と語る方法』という本を見つけた。フランスの分析家ピエール・バイヤールという人が書いている（Bayard P, 2007）。本は読んでいなくてもコメントできる。むしろ読んでいいない方がいいくらいだという大胆な主張で、帯の宣伝文によると世界的ベストセラーになっているという。日本だけでなく世界中の知識人と言われる人の中には読んでいない本についてあれこれ言っている人が沢山いて、この本がそれを正当化してくれるので歓迎されているのだろうか。

バイヤールによると、読んでいない本と言ってもいろいろあって、①ぜんぜん読んだことのない本、②ざっと読んだ（流し読みをした）ことがある本、③人から聞いたことがある本、④読んだことはあるが忘れてしまった本などがあるという。私などは②と④は読んだ本に入れたいが、いずれも内容は忘れているのだから読まなかったと同じことかもしれない。

バイヤールはこうも言っている。覚えている、記憶している場合も「その記憶はわれわれがそのときどきに置かれている状況と、その状況が内包する無意識的価値によって不断に再編成されている」と。つまり、われわれが語り続ける書物はわれわれが再編成した書物なのだ。われわれは本について語ることはできず、本のおおまかな記憶について語るのであり、その記憶はそのときそのときの自分の置かれた状況によって改変されているのだと。さらに、ある本について語るあるいは書くということと本を読むことの違いは、（聞く人や読者という）

第三者が介在するということであり、この第三者の存在が読書行為に影響を及ぼし、その展開を構造化するという。

たしかにそうであろう。本に限らずあらゆる記憶について、またそれを語ることについて同様のことが言えるであろう。ただし、本については読み返すということができるので、その記憶がどの程度もとの本から改変されているか、あるいはその本をそのとき自分はどう読んでいたのかを確かめることができる。

本を読んだときに受ける印象は、そのときどきに読む人が置かれている状況と、その状況がその人に対してもつ意味によって変わる。若い頃読んだ本を年を経てから読むと印象が変わると言われるのはそういうことなのだろう。

私にとって漱石の『坊っちゃん』ほど印象の変わった本はない。

中学生の頃読んだときには、生一本で正直者で無鉄砲で実は情にもろい（こういう性格分析はそのときには意識していなかったが）坊っちゃんが好きになった。卑劣な振る舞いをする赤シャツや野だに生卵をぶつけたり殴ったりしてさっさと学校をやめるのも胸がすく思いがした。坊っちゃんは快男児だと思った。

精神科医になって三〇代で読んだときには、坊っちゃんは見ようによっては甘えん坊で、思い込みが激しく、短気で喧嘩っ早い、人と円滑な関係を結ぶのが困難で、仕事も長続きしない、かなり困った人物だ、清から三円借りているのに、清は自分の片破れだからと返そうとしないのも、なんだか虫のいい考えのように思った。一途な正義漢だと思っていたが、実は世の中に甘えているだけだ。本で読むにはよいが、これが友人や息子だったらさぞ困るだろう。ＤＳＭのパーソナリティ・ディスオーダーのどの類型に入るかは言い難いが、いずれにしても相当偏ったパーソナリティのようだ。その上、生徒が二階でドンドン足を踏みならすので二階に駆け上がってみると静まり返っているとか、生徒全体が俺一人を探偵しているようで、その陰には赤シャツが生徒を煽動して嫌がらせをしていると思い込むところなど、どうも幻聴や妄想があるらしい。こう考えるようになった。

五〇代になって読んだときには、坊っちゃんは孤独で寂しい人だと思った。坊っちゃんは母にも父にも愛されなかった。母に「御前のようなものの顔は見たくない」と言われて親類へ泊まりに行っているときに母は死んでしまう。父には「貴様は駄目だ」としょっちゅう言われていたが、その父も卒中で死ぬ。兄が父の遺産の分配金を渡しにきて「どうでも随意に使うがいい。その代りあとは構わない」と言う。なんだか手切れ金のようだ。中学校に赴任してからも生徒からは馬鹿にされ、同僚ともよい関係がもてず、結局中学を辞める破目になる。唯一の友人である山嵐とも新橋の停車場で「すぐ分れたぎり今日まで逢う機会がない」というのだから、坊っちゃんは孤独な身の上である。その上、ただ一人坊っちゃんを愛してくれていた清も、坊っちゃんが東京に帰ってしばらくすると肺炎で死んでしまう。死ぬ前に清が「坊っちゃん後生《ごしょう》だから清が死んだら、坊っちゃんの御寺へ埋《う》めて下さい。御墓のなかで坊っちゃんの来るのを楽しみに待っております」と言う。「だから清の墓は小日向《こびなた》の養源《ようげん》寺《じ》にある」という一文でこの小説は終る。寂しい終り方である。

中学の頃の私は父にも教師にも反発していたが、それを行動にあらわすことはできずに、表面よい生徒になっていた。そういう自分が嫌だった。当時の私は直情径行の坊っちゃんにあこがれていたのであろう。

三〇代の私は精神科医としての経験をある程度積み、世の中の厳しさもそれなりにわかり、精神科医としてのものの見方もすこしずつ身についてきていた。そういう眼で見ると、坊っちゃんは実に困った人だった。

五〇代なかばで読んだときには、私自身私生活においても仕事においても孤独を感じていた。

つまり、それぞれの年代で私の置かれていた状況とその中での私の感受性が『坊っちゃん』をさまざまに読ませたのである。だからそれぞれのときの私の読みは『坊っちゃん』の読みであると同時に、私自身を読んだのだと思う。

もう一つ思い出した。小林秀雄（小林、一九四二）はエッセイ「実朝」の中で、「箱根路をわれ越えくれば伊豆の海や沖の小島に波の寄る見ゆ」というよく知られた歌について、こう言っている。この歌は明るいとか大きいとか強いとか言われているが「僕は大変悲しい歌と読む」「『沖の小島に波の寄る見ゆ』という微妙な詞の動きには（中略）はっきりと澄んだ姿に、何とも知れぬ哀感がある。耳を病んだ音楽家は、こんな風な姿で音楽を聞くかもしれぬ」

私はこれを読んだときむやみに感動した。それまで私もこの歌は明るい力強い歌だと思っていた。というより、どこかでそういう解説を読んでう呑みにしていた。そこへ小林秀雄の文章を読んで、ああそうだなと小林秀雄の読みに共鳴した。そのとおりだ、これは本当は悲しい歌なのだと。

どうも私は、読んだり聞いたりしたものの中に悲しさ、寂しさ、孤独を感じるようになってきたらしい。精神療法家としても、患者の中に孤独や寂しさや悲しさを感じることが多い。ひょっとしたら私の投影性同一視かもしれない。

若い頃小林秀雄に傾倒して、小林秀雄の読んだものは自分も読もうという、いま思うととんでもない無謀な志を立て、ヴァレリー全集を買い込んだ。私はフランス語は読めないのでもちろん日本語訳の全集である。補巻を含めて全一四巻あるのを隅から隅まで読んだわけではないが、それでも、私が小林秀雄の言葉だと思っていたもののいくつかはヴァレリーが言った言葉なのだと気がついた。たとえば、小林秀雄の言葉としてよく知られている「美は諸君を沈黙させます」という言葉は、ヴァレリー（Valéry P）がすでに同じことを言っている。いますぐには思い出せないが、同様のことがほかにもいくつかあった。小林秀雄はこういう言葉を言うときに、いちいちヴァレリーの引用と断っていないところがある。じゃあこれは剽窃かというと、そうではあるまい。ヴァレリーの言葉は小林秀雄の身体をくぐり抜けて出てきている。小林秀雄の中にあったものが、ヴァレリーの言葉に触発されて意識に上がってきたのだ。だから小林秀雄は引用しているという意識はなく、自分の言葉として語っているのであろう。そうなることが、本当に本を読んだということなのだろう。

つまり、人が本を読んでそこから汲み取ってくるものは、もともと自分の中にあるものと共鳴したところなのだ。共鳴の程度の強い本が、その後繰り返し引用されたり語られたりする。本を読むということは、自分の中にあってしかしその本を読むまでは眠っていたものを醒めさせるということらしい。そうだとすると、本に書いてあったことなのか自分で考えたことなのか自分でもわからなくなり、そのうちにもともと自分が考えたことになるというのは自然な成行きである。それが教養が身につくということであろう。だから「本を読むと他人の考えに影響されるから本は読まないことにしている」というのは、自分の中に眠っているかもしれぬ可能性を眠ったままにしておく、つまり自分の心を貧しいままにしておくということなのだ。

文　献

Bayard P（2007）Comment Parler des Livres Que L'on N'a pas Lus. Minuit.（大浦康介訳（二〇〇八）『読んでいない本について堂々と語る方法』筑摩書房）

小林秀雄（一九四二）「実朝」（『新訂 小林秀雄全集８　無常といふ事・モオツァルト』（一九七八）新潮社）

成田善弘（二〇一一）『精神療法を学ぶ』中山書店

夏目漱石（一九〇六）『坊っちゃん』新潮文庫（二〇一四）

Valéry P（初出年不明）「刻々」（落合太郎・鈴木信太郎訳（一九七八）『ヴァレリー全集10　芸術論集』筑摩書房）

精神療法家を志す動機について

人が精神療法家を志す動機はさまざまであろう。当人にもはっきりとはわからないこともあるのではないか。だいたい人生の決断というものは、なぜそうしたかは底の底のところでは当人にもわからぬものだと思う。なぜそうしたかは、その決断を自分に納得させるために、あるいは合理化するためにあとから考え出されるものかもしれない。また、その人の年齢、その仕事へのかかわりの長さや深さによって、動機の自覚は深まってゆくのではないか。

心理の大学院の入試や臨床心理士の資格試験のときに、なぜ臨床心理士を志したのかとか、なぜ心理療法家になろうと思うのかとか訊かれることがよくあるようだが、この問いは若い人に訊くには酷な問いである。本当のところはなかなかわかるものではない。

中年になって「精神療法をどう学ぶか」（成田、二〇一一）という文章を書いたとき、精神療法家を志す動機について一般に次のようなことがあるだろうと考えた。

①人間の心を探究したい
②自分を知りたい
③悩み苦しむ人を救いたい

④自分を救いたい
⑤収入を得たい、名声を得たい

精神（心理）療法家を志した動機を若い人たちに訊いてみると、悩み苦しむ人たちを助けたいという人が多い。臨床心理士を志す大学院生になぜそう志したかを訊いてみたとき、自身の家族の心の病のことを語る人が何人もあった。病んだ家族を救うことはできなかったが、同じような苦しみをもつ人たちの役に立ちたい。病をもつ家族とかかわってきた自分の方が、そういう経験のない人より病む人の気持ちを理解できるし、彼らの役に立てると思うと。中には、病をもった家族への世間の冷たさに憤りを感じ、病をもつ人たちをもっと理解し受け入れるよう社会に訴えることが自分の使命だと言った人もいる。

これらは尊い動機である。そしてそういう動機を仕事に活かしている人も存在する。アルコール依存症の夫をもったある女性は、夫の亡くなったあと社会人入試を受けて大学院に入り、その後臨床心理士としてアルコール依存の治療に精力的に取り組んでいる。発達障害の子どもをもつある女性はやはり臨床心理士となり、子どもの治療に力を尽くしている。そしてそれぞれよい仕事をしている。

こういう例もあるけれども、しかしこういう動機は専門家として仕事をする上で、とくにはじめのうちは、むしろハンディキャップになることがある。目の前の患者は自身の家族とは違う人間なのに、つい同じと思い入れて、患者を客観的に診ることがむずかしくなる。周囲からそう指摘されても、周囲の人たちには本当のことがわかっていない、自分の方がずっと患者のことをわかっているという思いから、指摘を受け入れない。専門家としての客観的な眼がもてなくなっていることに気づかない。こういう人を何人も見てきた。しかしこういう人も治療者として経験を積み、患者一人ひとりが独自の存在なのだとわかってくると、その一人ひとりを尊重できるようになる。自身の家族への思いはその底を流れる通奏低音となって、彼（彼女）の技術に人間らしいあたたかさを付与してくれる。ただしそうなるまでには時間がかかる。だから病む家族をもったことは、少なくともはじめのうちは、ハンディキャップかもしれないと思った方がよい。

私には悩み苦しむ人を助けたいといった高邁な動機はあまりなかったような気がする。

自分が精神科医に、そして精神療法家になった動機について考えるようになったのは中年になってからである。若い人たちからなぜ精神科医になったのかと問われることが何度もあって、その都度当惑しながらも、精神科なら血を見なくてもすむのではと思ったとか、なんとなくひまそうなので好きな碁を打つ時間があるのではと思ったとか答えていた。問いをはぐらかしているつもりだったが、幾分は本音でもある。

またあるとき丸谷才一（一九八一）のエッセイ「なぜ書くのか」を読んでいたら、こう書いてあった。小説家は「なぜ書くのか」としょっちゅう訊かれるが、詩人や劇作家はあまり訊かれない。文学の伝統の中では詩や戯曲の方が格式が高く、小説は格式の低い胡散くさいものなのだ。だからなぜそういう胡散くさいものを書くのかと訊かれるのだと。これを読んでなるほどと思い、なぜ精神科医になったのかと訊く人に「あなたは内科や外科のようなれっきとした科の先生に、なぜ内科医にあるいは外科医になったのかと訊きますか？　訊かないでしょう。精神科医だから訊く。なぜ精神科のような胡散くさい科を選んだのかと訊きたくなるのでしょう」と反撃して、動機を答えるのを回避することにしていた。しかしここにも私の本音がのぞいている。私には精神科はれっきとした科ではないという思いがあるようだ。

四〇年程前、同期の友人から、精神科に入局すると親に告げたら、せっかく医者になったのにどうしてそんなところに行くのかと泣いて止められたという話を聞いた。私の母も表立って反対はしなかったが、内心すこしがっかりしたようだった。そのとき自分でも本流でなく傍流の道を選んだのだと感じた。中心、本流でなく辺縁、傍流に自分を位置づけるというのが私の生き方らしいとだんだん気づいてきたが、精神科を選択したときにすでにそういう気持ちがあったのだろう。

青年期の私は人づき合いが苦手で、自分がこの世界にぴったりはまっていないという疎外感をもっていて、自分はどういう人間なのかと考えざるをえなかった。友人も少なく、ひとりで本を読んだり空想にふけったりすることが好きだった。世界の中心でなく辺縁にいる人たちに親近感をもち、そちらに寄ってゆきたいと思っていた。医学部の中で精神科は辺縁の科であり、医学界の中央に居られない人たちが吹き寄せられる場所のような気がしていた。精神科医と精神科患者をあまり区別せず、ひとくくりにして自分と同類のような人たちだと思っていた。そしてその人たちに近づいてゆけば疎外感が薄らぐかもしれないと思った。自分を救いたいと思っていたのだろう。

もう一つは、小説を読むのが好きなだけでなく、自分も何か書きたいと思っていた。精神科に入ったのは、医者になるということと、文学者になりたいという願望の妥協の産物だったかもしれない。精神科医には文学者でもある人が、斎藤茂吉、北杜夫、なだいなだ、加賀乙彦など何人もある。そういう人たちにあこがれる気持ちもあった。私はついに文学者にはなれなかったが、この願望は事例報告を書く、つまりある人の人生の物語を書いたり、こういうエッセイを書いたりすることで不十分ながら充足された。ありがたい。

フロイトは自分の書く症例報告がまるで小説のようになってしまうと嘆いていたらしいが、人生の物語を書くのだから小説のようになるのを嘆く必要などなかったであろう。フロイトの文章は名文らしく、ゲーテ賞を受賞している。この賞はドイツ語で書かれたすぐれた散文に与えられる賞だとのことなので、フロイトも満足したのではないか。病のため授賞式に出られなかったのはさぞ残念だったろうと思う。

大学生になった頃から推理小説が好きになって、コナン・ドイルのホームズもの、エラリー・クイーン、ヴァン・ダイン、アガサ・クリスティなどを読んだ。謎解きに興味があった。人間という謎、人生という謎を解き明かすことに魅力を感じていた。フロイト（一九〇七）のグラディーヴァの論文とイェンゼンの小説が一冊に入っている本（フロイド・イェンゼン、安田徳太郎・安田洋治訳、一九六〇）を読んで、フロイトの謎解きのあざやかさに魅せられ、いずれ自分もこういう謎解きがしてみたいものだと思った。昨年の日本精神分析学会での古澤賞受賞講演で深津千賀子先生も、このフロイトの論文を読んだことが精神分析を学ぼうとした動機の一つだと言っておられた。同好の士があるのはうれしい。

話が前後するが、私がなぜ医学部に行こうとしたかをふり返ってみる。私の両親はいずれも薬剤師で薬局を開業していた。薬剤師には息子を医者にしたがる人が結構あるらしい。父は長男の私に医者になれと直接は言わなかったが、私はなんとなくそう期待されているように感じてはいた。しかし、はっきり医学部に行こうときめていたわけではない。そういう気持ちが固まったのは父が死んだあとである。父は五一歳で心臓病で急死した。当時私は一七歳で、父に反発していて父の死を悲しむことができなかった。死んだ父の枕許で、ここは泣くところなのかなと妙に冷静に考えたことを覚えている。しかし父の死後、医学部に行こうという気持ちが固まった。父の死を悲しめなかった償いに、父が望んでいたであろう医師になろうときめたのだと思う。ただしそのときそう意識していたのかどうかは自分でもわからない。あとからふり返ってそう思う。

のちにフロイト（一九〇〇）の『夢解釈』第二版のまえがきを見たら，「この本が私の自己分析の一片であること，父の死という最も意味深い出来事，すなわち一人の男の人生における最も痛切な喪失に対する反応であることがわかってきた」とあったので，自分の動機と重なっていると思った。ひょっとしたら，この「まえがき」を（引用した全集ではないが別のところで）読んだのが先で，そのあとから自分の動機も父の死へのモーニングだと思うことにしたのかもしれない。今となっては自分でもわからない。

疎外感，自分とは何者かという問い，小説好き，空想癖，謎解きへの興味，父の死へのモーニングは，いずれも精神分析の大きなテーマなので，しだいに精神分析への関心が深まったのも当然と思う。

このあたりのことは中年期に考えていたのだが，老年期に入ってから，精神分析を学ぼうと思ったのは実はエロスへの関心のゆえではないかと思うようになった。青年期の私は人並みに自分の性欲をもてあましていた。そのころ精神分析を紹介した通俗本を読んで，精神分析はエロスを研究する学問だと思ったらしい。ありそうなことで、もっと前から自覚しているべきだったろうが、こう気づいてきたのは比較的最近のことである。今まで見て見ぬふりをしてきたのだろう。今思い出したが、大学生のころ丸善でハヴェロック・エリスの〝Psychopathia Sexualis〟という本を見つけて買って読んだ覚えがある。今見てみようと本棚を探したが見当らない。誰かに貸してそのままになってしまったのか、自分で処分したのか、それとも今見つからないだけで本棚のどこかにはあるのか。いずれにしても私のエロスに対する関心の否認を象徴しているようで苦笑させられる。

フロイトももちろんエロスに関心をもっていた。しかしどこかで、四〇歳を過ぎてから性的欲望がなくなったと書いていたような気がする（どこに書いてあったか思い出せない）。妻マルタ以外との女性関係もどうもなかったらしい。そのフロイトが性欲動をきわめて重視した理論を作ったのはなぜだろうかと思う。

フロイト（一九二六）は自分が精神分析を創始した動機についてこう言っている。「子どもの頃を考えてみると、悩める人を助けたいという欲求があった記憶はまったくない。私のサディズム的素質はさほど大きくなく、したがってサディズム的素質の派生物である悩める人を助けたいという欲求は発達するべくもなかったのである」。フロイトの、自分と意見を異にする人物への容赦のない攻撃と切り捨ては、サディズム的素質と言ってよいかどうかはわからぬが、強い攻撃性を感じさせる。フロイトが自身の性欲動や攻撃性を低く見積っているのは、フロイト自身にも抑圧や否認が働いていたのかもしれないと思う。

悩める人を助けたいという欲求がサディズム的素質の派生物であるという考えにはにわかに同意しがたいが、他者の上に力を振いたいという欲求は潜んでいるかもしれない。私にもそれがないとは言えない。患者が改善して喜んでくれるときの、自分でもよい仕事ができたという達成感には、自分には力があるのだという感覚が伴っている。私にもこういう感覚を得たいという気持ちはある。だから悩める人を助けたいと思っていると言ってもよいのか……。

悩み苦しむ人を助けたいという気持ちは、精神科医になって経験を積むにしたがって私の中にしだいに育ってきたように思う。しかし同時に、それはむずかしいことだという思いもある。人は結局自分で自分を助けることによってしか救われない。治療者にできることはごく限られている。こういう無力感がある。これが精神療法家としての成熟なのかそれとも諦念なのか、自分でもよくわからない。まあ成熟には諦念が伴うということにしておこう。

私自身の動機についてはまだ思い浮かぶことがある。ここに書いたことで遺漏がないと主張するつもりはない。しかしできるだけ正直に語ったつもりではある。

人が精神療法家になろうと志す動機は多元的に決定されている。そのすべてを自覚することはむずかしいが、それについて思いめぐらすことが治療者としての成熟につながるであろう。もうすこし若いときからよく考えておけばよかった。

文献

Freud S（1900）「夢解釈」（『フロイト全集4　一九〇〇年―夢解釈1』岩波書店）
Freud S（1907）『W・イェンゼン著「グラディーヴァ」における妄想と夢』（『フロイト著作集3　文化・芸術論』人文書院）
Freud S（1926）「素人による精神分析の問題」（『フロイト著作集11　文学・思想篇Ⅱ』人文書院）
フロイド・イェンゼン（安永徳太郎・安田洋治訳（一九六〇）『文学と精神分析』角川文庫）
丸谷才一（一九八一）「なぜ書くのか」『遊び時間』中公文庫

「先生」と呼ばれて

「先生」ということについてあらためて考えるようになったのは、四〇歳を過ぎて自分がスーパービジョンをするようになってからである。スーパーバイジーから「先生」と呼ばれることになんとなく違和感をもった。もっともそれ以前から「先生」と呼ばれることはあった。私は医者なので患者からは「先生」と呼ばれていたし、同僚の医者や他の医療関係者からも「先生」と呼ばれていた。はじめは「先生」と呼ばれることが気恥しくてやめてもらいたいと思っていたのだが、そのうちに慣れてしまい、うしろで「先生」という声がするとつい自分のことかと振り向いてしまう。それがときには別の人に呼びかけている声だったりして、苦笑せざるをえなくなる。

しかし、「先生」というのは便利な敬称（呼称？）である。私も先輩の医師には、とりわけその人に師事しているわけでもないのに「先生」と言っているし、同年代や後輩の医師にもつい「先生」とつけてしまう。スーパーバイジーにも「先生」と言ってしまうことがある。後輩から「私は『先生』（成田）の『先生』ではないから『先生』と呼ばないでほしい」と言われたことはない。私も、私のことを「先生」と言う人に「そう呼んでくれるな」と言ったことはない。まあ無難な呼び方だと互いに暗黙に了解しているのだろう。

日本語は相手を呼ぶのに苦労する言葉である。「あなた」と言うのはなかなかむずかしい。妻が夫に、女性が恋人に呼びかけるにはよいらしいが、学問の先輩や同僚に「あなた」とは言いにくい。「きみ」とはもっと言いにくい。なんだか相手を目下に見ているような感じになってしまう。そこでやむなく「先生」と呼ぶことになる。相手も私を呼ぶのに「先生」は駄目だとなると苦労するだろうから、まあ「先生」と呼ばれるのも仕方のないことだと思う。

世の中には「先生」が沢山いる。お華の「先生」、お茶の「先生」、踊りの「先生」など、芸道には「先生」が多い。武道においても剣道の「先生」、柔道の「先生」、空手の「先生」などがある。そう言えば、自動車学校の指導員も「先生」と呼ばれている。ほかにもまだまだあるであろう。先日国会中継を聞いていたら、大臣が質問者の議員に「先生」と言っていた。質問者の方は「大臣」とか「総理」とか言っている。「大臣」や「総理」は職名で敬称ではないから、なんだか質問者の方が威張っているように聞こえる。

碁の世界では、棋士はプロ初段になると「先生」と呼ばれる。私も自分よりはるかに年少の初段になったばかりの棋士にも「先生」と呼びかける。まだ一〇代の少年棋士に七〇代の私が「先生」と呼びかけるのは、相手もちょっと当惑するのではないかと思うが、碁という芸道においては相手の方がすぐれているのだから、敬称をつけるのにやぶさかではない。ただし、医者もそうだが、ごく若いころから「先生」と呼ばれていると、つい自分はえらいと錯覚しやしないかと心配になる。一昔前、ある観戦記者が、新聞にのせる観戦記で「先生」とつけないと不機嫌になる棋士がいると言っていた。さすがにこのごろはそんなことはなく、新聞紙上では九段であろうと名人であろうと呼び捨てである。碁は世界ではスポーツに分類されていて、前回のアジア大会に参加しているし、関係者はいずれオリンピックの種目にも採用されたいという希望をもっている。スポーツの選手は「先生」とは呼ばれていないようだ。野球で「長嶋先生」とか「王先生」とかと書いてあるのを見たことはない。ようやく碁も野球並みになったのか。

日本精神分析学会での学会発表を聞いていると、治療者が「先生」と自称していて、患者に向かって「先生は～」などと言っている人がいる。はじめて聞いたときにはびっくりしてしまったが、それほど珍しいことではないらしい。「先生」と自称する方が、治療者という専門家として会っているということを明確にする上でよいのでは、という意見を聞いたこともある。ただしそうなると、治療者・患者関係は「先生」と「生徒」、あるいは「先生」と「弟子」という関係になりやすく、転移のあり方が限定される（汚染される）ことにならないか。治療者ができるだけ匿名性を保ち、患者の内界を写し出す鏡のようであるべきだという精神分析の原則に反するのではないかと思う。「先生転移」という言葉をどこかで読んだことがある（どこに書いてあったか思い出せない。乞御教示）。これは「先生」という言葉に患者がどういう意味を付与しているかを考えるように治療者に、そして患者に促すという意味で有意義な概念だとは思う。

ただ私の素朴な実感として、自分のことを「先生」などとよく言えたものだと思う。私は患者に対しても、自分の教えている学生に対しても、誰に対しても「先生」と自称したことはない。「僕」とか「私」とか言っている。幼稚園の「先生」が園児にむかって自分を「先生」と言うのはまあ仕方ないかと思うが、医師が患者にむかって自分を「先生」と言うのは私には奇妙に思える。

日本語では「我《われ》」が「我」として立ち現れるのがむずかしく、「我」は「汝《なんじ》にとっての汝」

としてしか現れないのだと言われる。医師は、患者（医師にとっての汝）にとっての汝である「先生」という形で自己を規定することで安心するのだろう。相手にとって自分が何者かが規定できないと不安になるのであろう。相手（患者）も自分の相手（医師）が何者であるかを規定した方が、どう振る舞ってよいかがわかるので安心するのだろうか。

「先生」を『広辞苑』（第七版、岩波書店）で引いてみると、「①先に生まれた人。②学徳のすぐれた人。自分が師事する人。③学校の教師。④医師、弁護士などの指導的立場にある人に対する敬称」とある。「先生」と自称する治療者は、自分を学徳のすぐれた、師となるべき、指導的立場にある人間だと自称していることになる。尻がこそばゆくならないのだろうか。

実は『広辞苑』にはもう一項目あって、「⑤他人を親しみあるいはからかって呼ぶ称」とある。その例文に「先生と呼ばれるほどの馬鹿でなし」というのがあげられていて、「先生とおだてているつもりの者を制する言葉」とある。

私が「先生」と呼ばれて当惑したり気恥しく思ったりするのは、「先生」を敬称と思っているからだが、実は相手は⑤の意味で言っているのかもしれないといま気がついた。私を「先生」と呼ぶ人が意識してからかいで言っていることはたぶん少ないと思うが（そうであることを願うが）、無意識的にその意味を含んでいることはありそうである。ふり返ってみると、私も同僚に「先生」とつけるとき、無意識的に、暗に、ひそかに、ときにはあからさまにからかいを含んでいることがある。とくに「大先生」などと言うときは明らかにそうである。

ある学会で講演したとき、私ともう一人の講師を司会者の若い女性の心理士が「お二人の大先生」と紹介した。「えっ！」と思って司会者の顔を見たが、彼女はしごく真面目な顔でそう言っていてからかっているのではなさそうだったから、「大先生と言われるほどの大馬鹿ではありません」と言いかけたのをいそいで呑み込んだ。もうお一人の講師もとくに何も言われなかったから、からかわれたとは思われなかったのだろう。

大学の教員だったとき学生から「先生」と呼ばれるのには、比較的抵抗が少なかった。私はほとんどの学生よりは先に生まれているし、『広辞苑』の③学校の教師とあるところには敬称とは書いてない。つまり学校の教師を「先生」と呼ぶのは職名であろう。「大臣」とか「（タクシーの)運転手さん」と同じである。それでも学校の先生はしばしばからかいの対象になっている。ちょっと記憶が定かでないが、昔「ノンキ節」というざれ唄があった。

学校の先生はえらいもんじゃそうな　えらいから何でも教えるそうな　教えりゃ生徒は無邪気なもんで　それもそうかと思うげな　ア　ノンキだね

この唄を聞くと身につまされる思いがする。もう人を教えるという罪深いことはするまいという気になる。

夜の世界では、金のありそうな人は「社長」、なさそうな人は「先生」と呼ぶという話を聞いたことがある。そうだとすれば、私が「先生」と呼ばれるのも仕方のないことである。この文章を書くまでは「先生」をもっぱら敬称と思い込んで、てれたり当惑したりしていたのだから、私の自己愛も相当なものらしい。

スーパーバイジーから「先生」と呼ばれて当惑するのは、ここで今まで述べたようないわゆる「先生」ではなく、本当に「師」と見なされているという感覚が発生するかららしい。そんな感覚をもつこと自体がおまえの自己愛だと言われればそれまでだが、こちらから誘いもしないのに、しばしば遠方から、しかも料金を払ってまで私のところに学びにくるのだから、私のことを師と見なしているのだろう。正直、世の中にはもの好きな人もいるものだと思うが、一方で、師と見なされているからには師であるべく努力しなければならないと思う。ところが、師とはどうあるべきかを考えると非常にむずかしい。だから師とは思わないように、「雇われコーチ」という感覚でやっている。実際スーパーバイジーから料金をもらって、つまり雇われてするのだから雇われコーチそのものだと思う。そう思うことにしてすこしほっとしていたのだが、しだいに、よきコーチであろうとするとこれもなかなかむずかしいと思うようになった。

お華の「先生」や剣道の「先生」の「先生」は、各々の領域でその有用性がすでにわかっている知識や技術をもっていて、教えてもらう方も一定の知識ときには技術をもっている。ただその知識や技術の量が、「先生」の方が弟子よりも圧倒的に多いと考えられている。弟子は一定の対価（料金、謝礼）を払ってその知識や技術を習得する。私にとって碁の「先生」もそういうものである。スーパービジョンにおける「先生」もそういうものだろうか。

仏文学者の内田樹（二〇〇五）に『先生はえらい』という本がある。中高生向けの本とのことだが、私も読んでおおいに啓発された。この本の冒頭に、自動車学校（教習所）の「先生」とF-1ドライバーが比較されている。そこのところを要約する。

教習所の「先生」は自動車運転技術というたいへん有用な技術を教えてくれるが、この「先生」に敬意を抱いたり、恩師と思ったり、卒業後同窓会に招いたりはしない。卒業したらその「先生」の名前などすぐに忘れてしまうであろう。

同じ運転技術でも、仮免をとったあとに鈴鹿でたまたまF-1ドライバーに教えを受ける機会があったとする。たとえ半日の講習であってもその人の名前を忘れることはない。むしろ機会あるごとにその人への感謝を口にするのではないか。「ぼくはシューマッハにアクセルワークを教わったんだぜ」などと。

この違いはどこにあるか。同じ運転技術を教わったのに、そこから学んだものが違うからである。教習所の「先生」が教えたのは卒業検定に合格する水準の運転技術であり、それが自動車学校に入った目的だったのである。つまり、教わる方に何を教えてほしいかがあらかじめわかっていて、そのわかっていたものを教わったのである。F-1ドライバーの方は半日の講習でたまたま出会った若者にドライビングの基礎を教えたにすぎない。生徒の顔などその日のうちに忘れてしまう。ところが生徒の方はそこで一生忘れられない何かを学んだ。その違いはどこにあるか。教習所の「先生」は「君は他の人と同程度に達した」ということをもって評価する。つまり検定試験に合格するにはもうこれでよろしいという到達点を指示する。F-1ドライバーは「運転技術には『これでいい』という限界はない」ということと、「運転は創造であり、ドライバーは芸術家だ」ということを教える。これはその若者が教わりたいとあらかじめ思っていたことではない。予期していなかったことを教わったことになる。運転技術に関しては、シューマッハの言ったことはその若者には何のことかわからなかったであろう、むずかしすぎて。技術には無限の段階があり、完璧な技術には人間は到達できない。これがプロなら必ず教えることである。それなら、なぜプロを目指す人が後を絶たないのか。それは完璧な技術に到達しえない仕方が一人一人違うからである。ふたりと「同じところ」にたどり着く人はいない。才能があり、努力を惜《お》しまなかった人は、必ず独創的な技術を創造する。

このことは碁においても言える。碁には棋士によって棋風というものがあり、打碁を見れば誰の打った碁かわかることもよくある。一流の棋士はよく「自分らしい碁を打ちたい」というが、それは「他の棋士とは違う個性的な碁を打ちたい」という意味ではない。自分が最善と信じる手を打ちたいということである。何を最善と信じるかは棋士によって異なる。だから独創的な棋風が生まれるのだ。

芸道や武道の「先生」も結局のところ「道に窮まりなし」ということを教えるのではないか。そこまで到らないと本ものの「先生」つまり師ではないのであろう。

スーパービジョンも同じである。「道に窮まりなし」つまり絶対の真理には誰も到達できないということを、スーパーバイザーはよく自覚しているはずである。精神療法の実践で苦労してきた人なら、自分が絶対の真理を知っているなどとは誰も思わないであろう。「先生」

と呼ばれて当惑するのは、「先生」という言葉に真理を知る人という含意があると感じるからであろう。しかしこれは間違っているようだ。絶対の真理には到達できないということを骨身にしみて知っている人が本ものの「先生」であるらしい。

文　献

内田樹（二〇〇五）『先生はえらい』ちくまプリマー選書

師弟について

前回「先生」について書いたので、その続きで「師弟」ということについて考えてみる。『広辞苑』（第七版）で「師」をみると

①学問、技芸を教授する人。先生。
②牧師や僧侶などの名に添える尊称。「ホメイニ師」
③専門の技術を職業とする者。「美容師」
④軍隊。いくさ。
⑤中国周代の軍制で、旅の五倍すなわち二五〇〇人の称。
⑥師団の略。

とある。

ここには「先生」のところにあった親しみ、からかいの意味はない。②のところに「尊称」とある。「先生」のところには「敬称」とあった。「尊称」の方が「敬称」より尊敬の念が一段強いような気がする。③のところの例として「美容師」とある。その技術への敬意があっ

て「師」がついているのであろう。「医師」もこれに当る。そう言えば、詐欺師にも「師」がついているが、昔からその技術をつい尊敬してしまう人がいたのだろうか。④⑤⑥に軍隊のことが出てくる。①②③と④⑤⑥は異質なもののように思うが、語源的につながりがあるのだろうか。私には、師弟関係は厳しいものだ、師弟の間にはついに闘いが生じるのか、といった連想が浮かぶ。

中島敦（一九四二）の「名人伝」にこういう話がある（筆者による要約）。

紀昌という男が天下第一の弓の名人になろうと志を立て、当今並ぶ者のないという名手飛衛の弟子となる。飛衛は紀昌にまず瞬《まばた》きせざることを学べと言い、ついで、視ることに熟して小を視ること大のごとくなれと命じる。紀昌は一匹の虱《しらみ》を髪の毛で繋ぎ窓に懸け終日睨み続け、ついに虱が馬のような大きさに見えるようになる。こういう厳しい基礎訓練を経てようやく奥儀を伝授された紀昌は、ついに師から学びとるべきものはもはや何もないという力量に達する。そしてあるとき、ふとよからぬ考えを起こす。自分が天下第一の名人となるには師を亡き者にするほかないと。ある日たまたま野で出会った飛衛に矢を射かける、その気配を察して飛衛もまた弓をとり、二人互いに射れば、矢はそのたびに中道にて相当《あいあた》り地に堕ちた。両人の技がいずれも神に入っていたからである。さて飛衛の矢が尽きたとき紀昌は一矢を余していた。得たりと紀昌がその矢を放てば、飛衛はとっさにかたわらの野茨《のいばら》の枝を折りとってその矢を叩き落とした。そのとき紀昌には、成功したならばけっして生じなかった慚愧の念が生じ、飛衛には危機を脱し得た安堵と己が技倆《ぎりょう》についての満足が生じて、敵に対する憎しみを忘れさせた。二人は互いに駆け寄り、相抱いて、美しい師弟愛の涙にかきくれた。

しかし、再び弟子がかかる企《たくら》みをもつようなことがあってははなはだ危いと思った飛衛は、この危険な弟子に、もしこれ以上の道の薀奥を極めたいと望むなら、西の方霍山《かくざん》に斯道の大家甘蠅《かんよう》老師を尋ねることを勧める。老師の技に比べれば、われわれの射のごときはほとんど児戯に類すると。

紀昌が老師のもとに赴いて己が技を見せると、老師は、紀昌の技は所詮射之射《しゃのしゃ》というもの、好漢まだ不射《ふしゃ》之射《しゃ》を知らぬと見えると言う。そして絶壁の上に立ち、弓もとらずに素手で空を見上げていたが、ちょうど空の高いところを悠々と輪を描く一羽の鳶を見つけると、見えざる矢を無形の弓につがえひょうと放つ。すると鳶は羽ばたきもせず中空から石のごとしに落ちてきた。紀昌は九年の間、この老名人のもとに留まった。その間いかなる修業を積んだものやらそれは誰にもわからぬ。九年たって山を降りてきたとき、人々は紀昌の顔つきの変わったのに驚いた。以前の精悍な面魂は影をひそめ、木偶《でく》のごとく愚者のごとき容貌に変わっている。この顔つきを一見した飛衛は感嘆して叫んだ。これこそはじめて天下の名人だ、我らのごとき、足下《あしもと》にも及ぶものでないと。しかしこれ以後紀昌は、人々の要望に応えて弓をとることはなく、弓の何たるかも忘れたかのごとくであった。

この話は、弟子が師と同じ次元で師を越えようとすると師と闘わねばならず、しかも結局師を越えることができないことを示している。紀昌が師を越えるには、老隠者のもとに赴いて、師とは次元の異なる技を学ぶ必要があった。

精神療法における師弟関係にはどういうものがあるか、またどうあるべきかと考えているときに、「精神療法」の増刊号「精神療法を教え伝える、そして学び生かす」を思い出し、読み返してみた。冒頭に編者の中村伸一氏（二〇一六）は「はたして精神療法は、どのように伝えられ受け継がれているのだろうか。そしてどのような伝承が理想なのだろうか。これが、今回の問いとなるテーマである」と述べている。そしてこのテーマにそって、四〇人を越える精神療法家が、自分がどのように学んできたか、またどのように教え伝えようとしているかを書いている。

弟子（にあたる人）が師（にあたる人）からどういうことを学んだかに注目してみると、ほとんどの人が特定の理論や技術を学んだというより、それらを越えたもの、あるいはそれらの根幹にあるもの、すなわち臨床家としての師の姿勢、態度、専門家としての責任のもち方、さらには生きる姿勢、いわば人間性を学んだと言っている。そしてそのような師と繋がりながら自由でいられる人間関係、忠誠心を求められることのない関係、自分の失敗や葛藤を率直に打ち明けたり尋ねたりできる関係、自分自身を出すことを経験できる関係、否定されない関係について語っている。つまり、学ぶことの内容にもまして、どういう関係の中で学ぶかが重要なようである。そしてその弟子が今度は師になったときも、理論や技法よりもその関係性が継承されるようだ。

師弟関係のあり方について中村氏は、精神療法の教育において「わが国ではいまだに『忠誠心』を柱とする師弟制度が、あちらこちらに見られるように思う」と述べている。従来、私も同様の印象をもっていた。しかし、この増刊号を通読してみると、「『忠誠心』を柱とする徒弟制度」の中で自分が学んできたと述べているのは原田誠一氏（二〇一六）だけのようである。

原田氏は『うらおもて勉強録――スタビンズ君、精神療法ワールドを逍遥する』という文章の中で「二人の恩師とわたしの関係は、本増刊号の企画趣旨で中村先生が書いておられる『……こうした伝承につきものなのは「〇〇先生の弟子である」といった徒弟制度である』という表現がまさにぴったりそのまま当てはまる。そして、徒弟制度的な関係を自認して憚らないこうしたわたしの姿勢も、二人の師匠のあり方から影響を受けているように感じられる」と述べている。ところが、原田氏が「二人の恩師との師弟関係の特徴と影響」として述べているところには、「排他的忠誠心を求めるところがなく」とか「過度に厳しい教育～指導への忌避と反発」ということがとりあげられている。「忠誠心」とか「過度に厳しい指導」とかは「徒弟制度」の特徴のように私は思う。原田氏はそういうことがなかったと言っているのだから、氏の経験した関係はいわゆる「徒弟制度」ではなかったのではないか。実際、原田氏の現在のオリエンテーションは認知行動療法であろうが、それは「二人の恩師」の学風とは異なるものである。

「徒弟制度」とは、中世の手工業者ギルドにおいて後継者を養成するための制度で、親方・職人・徒弟という階層組織のことを指している。また、わが国の江戸時代の徒弟は親方の家に起居して年季奉公するものであった。おそらく親方からは相当厳しい指導があっただろうし、徒弟が修業中に別の親方のところへ行くなどはとうてい認められなかったであろう。原田氏は「『二人の恩師』以外の十名の恩師」の名もあげているが（その中に私の名もあって恐縮至極だが）、徒弟が何人もの親方をもつなどということは認められなかったろうと思う。だから原田氏が「徒弟制度」と言っているのは、氏の気持ちとしてはそうかもしれないが、実はもっと自由なひらかれた関係だったのではないか。

もう一つ私が興味深く読んだのは、赤津玲子氏（二〇一六）の「私の学びという一事例研究――師匠との関係性に注目して」という文章である。

赤津氏は「師匠」から「巻き込まれながら溺れないこと」「こころの持ち方」「仮説を立て

る」といったことを学び、「事例の流れが見渡せるようになった」と述べるが、一方で「師匠の指導にはついていけないと思い、家出をした（実際には旅行、師匠から見たら行方不明）」ことがあると言う。また「師匠」の人柄について、「よくキレる」「バイジーに『ヘソ噛んで死ね』と言ったり、無理難題を押しつけたりなど、口が悪くわがままである。情にもろくて巻き込まれやすいし、短気で勝ちにこだわる俺様一番のようなところがあり、デコボコな人物である」とも言う。

私は赤津氏がどういう方なのか存じ上げないし、赤津氏の「師匠」がどなたなのかもまったく知らないが、文章から受ける印象では「師匠」は存命中のようだから、赤津氏は自分の文章を「師匠」が読むことを想定されているであろう。そうであるのに、「師匠」の人柄についてここまで率直に書けることに驚きを感じる。尊敬の念を抱くと言ってもよい。師弟関係がよほど自由な、言いたいことの言える、ひらかれた関係なのであろう。

赤津氏以外の著者はだいたい師を多かれ少なかれ理想化している。ある程度の理想化がなければ師弟関係がそもそも成立せず、また長続きしないのであろう。赤津氏と「師匠」の関係も一つの（裏返しの）理想化の形なのかもしれない。

理想化があるからといって、弟子が師の学問をそのまま受け継ぐかどうかはまた別のことである。むしろまったく異なる学問を創りあげる人もある。師の学問を受け継いだ人も、受け継いだ上に彼自身の学問を発展させている。受け継がなかった人も、狭い意味の学問ではなく師のもっている雰囲気、姿勢といった人格的なものを受け継いでいるように思う。

師弟関係について私の好きな言葉がある。以前にも引用したことがあるが、世界的イスラーム学者井筒俊彦（二〇〇九）が師の西脇順三郎について語った言葉である。井筒は友人の池田彌三郎とその師折口信夫とのきわめて密な師弟関係と自身のそれとを対比させつつ、こう言っている。

「学風も学の対象もこれほどまでに隔たってしまったこの私が、それでもなお、西脇先生を生涯唯一人の師と思っている。一体これはどういうことなのだろう。だが考えてみれば、なんの気兼ねもなく、こんなに自由に先生から遠ざかることができたということ自体、先生の学風ではなかったか。ひろびろとひらけた学問の地平、それこそが西脇先生から学び得た最も貴重な教えではなかったか」

私はこの言葉が師弟関係の一つの理想的な形を語っていると思う。西脇順三郎は言語学者、英文学者にしてかつ詩人であり、井筒俊彦は師とはまったく異なる領域に進んだのである。

これも別のところ（成田、二〇一〇）ですでに書いたことだが、私がわが師と思っている伊藤克彦先生の特徴として、患者に対する誠実な態度、空理空論に走らず経験を重視して自前で考えていく姿勢、若い者の親分になろうとしないことなどをあげたことについて、原田誠一氏（二〇一二）から、それらが成田自身の特徴でもあると言われた。そう言われればそうかもしれないと思う。私は伊藤先生から理論や技術も学んだであろうが、それ以上に先生の姿勢、雰囲気、人柄を学んだのだろう。そしてこれが私にとって大事なことだが、これらの特徴は私の中にもともとあったものだと私が感じていることである。師から異物をそそぎこまれたという感じはしない。私の中にあったものが師とのかかわりの中で芽ぶいてきたのだと思う。私がそのように感じていること自体が、伊藤先生がすぐれた師であったことの証であろう。

増刊号の寄稿者の中にも、こんなふうに感じている人が何人もあった。

たとえば村上貢氏（二〇一六）は、「私がおそらく一番重視している理想というか考え方は結局のところ、『その人に合った』ということのように思います。ですから当然、来談される方々にもそのようにできるように努めております。しかし、このように最も重視していると自覚している点が「指導された」ことなのかというとよくわかりません。……もともと自分はこのように考えるほうだったというふうにも捉えられるのです」と述べている。

おわりに原田氏も引用している神田橋條治氏（一九九四）の文章を引用する。

「師弟関係は不思議なスクリーンである。そこにはさまざまの関係が映し出される。……師弟の関係が実り多いものとなるのは、その関係が双方にとって新鮮な関係体験となる場合である。新鮮な関係には投影がないわけではない。新鮮な関係に投影されるのは、双方それぞれの内側のいまだ実現されなかった可能性であることが多い。『優れた資質の弟子は、師の上に自分の未来像を投影する』のである。似たような心性は、師匠の側にも起こる。以上を要するに、良い師匠や弟子にめぐり会えるか否かは、運にもよるが、当人たちの器量にもよるのである」

書き終って読み返してみると、本稿は引用の寄せ集めのようである。しかし、引用の選択に私の「師弟観」は色濃く投影されている。

文献

赤津玲子（二〇一六）「私の学びという一事例研究―師匠との関係性に注目して」精神療法　増刊第三号、一九五―二〇〇頁
原田誠一（二〇一二）「解説　成田先生と母国語で対話できる幸せ」成田善弘『精神療法の深さ』金剛出版
原田誠一（二〇一六）「うらおもて勉強録―スタビンズ君、精神療法ワールドを逍遥する」精神療法　増刊第三号、七一―七八頁
井筒俊彦（二〇〇九）「西脇順三郎に学ぶ」『読むと書く』慶應義塾大学出版会
神田橋條治（一九九四）『追補　精神科診断面接のコツ』岩崎学術出版社
村上頁（二〇一六）「精神療法を学び生かす」精神療法　増刊第三号、一七五―一七九頁
中島敦（一九四二）「名人伝」文庫十二月号『李陵・山月記・弟子・名人伝』（一九九一、改訂四一版）角川文庫
中村伸一（二〇一六）「特集　精神療法を教え伝える、そして学びに生かす」精神療法　増刊第三号、一―七頁

成田善弘（二〇一〇）「精神療法を学ぶこと、伝えること—一精神科医のライフサイクル」『精神療法面接の多面性—学ぶこと、伝えること』金剛出版

スーパービジョンについて

私は碁が好きなのだが、碁に「岡目八目」という言葉がある。「岡目」を『広辞苑』（第七版、岩波書店）で引くと、「岡目」は「傍目」とも書き「他人のしていることをわきから見ていること」とあり、「岡目八目」は「他人の囲碁を傍で見ていると、実際に対局している時よりよく手がよめること。転じて、第三者には、物事の是非、利・不利が当事者以上にわかること」とある。八目というのが地の目数のことなのか、八手先までよめるという意味なのかよくわからないが、八目分よくよめるなどと厳密に言えるはずはないから、これは一種のレトリックであろう。岡目三目とか岡目五目でなくて八目なのは、旗本八万騎とか、大江戸八百八町とか、嘘八百とかと同様、誇張的慣用表現なのであろう。

精神療法のスーパービジョンにおけるスーパーバイザーも、スーパーバイジー（治療者）が患者としている対局（治療）を局外者の冷静な目で傍で見ているのだから、治療が適切かどうか当事者以上にわかるはずと考えられている。さらに、スーパーバイジーが初心者でスーパーバイザーが練達であれば、スーパーバイザーの方がよくわかることが多いであろう。そう考えられているからこそ、スーパービジョンが訓練の方法として認められている。

しかし、私の経験では必ずしもいつもそうとは限らない。スーパービジョンをしていて、スーパーバイジーの患者理解や介入からむしろ教えられることがよくある。あーそういうふうに理解できるのかとか、なるほどそう言えばよいのかと思うことがよくある。スーパーバイジーは懸命に治療に取り組んでいる当事者なので、局外に立っているスーパーバイザーより切迫感をもって考えている。そこから出てくる発想や理解は第三者であるスーパーバイザーの発想や理解より現実に肉迫していることがある。

碁の場合も、本当に「岡目八目」と言えるのか、つまり対局者よりも第三者の方がよく手が見えるのか、私は疑問に思っている。たとえば碁のタイトル戦となれば、控室には立会人や解説者やそのほか何人ものプロが詰めていて、対局と同時進行で検討を行っている。そこで対局者の気がついていない手が発見されることもないではないが、たいていは対局者のヨミの方が検討陣のヨミを上回っている。とりわけ勝負所となるとその差は歴然とする。人生を賭けて勝負をしている対局者と気楽な立場の解説者では、同じプロでもよみの深さがまるで違うのである。

私はスーパービジョンをしているとき、このことをいつも考えている。ただ、スーパーバイジーは自身の感じたり思ったりしていることをはっきり自覚していないことがある。はっきり自覚していないから言葉にならない。だからわかっていないように見える。

初心の治療者がスーパービジョンに提示する事例は、スーパーバイジー自身がもっている問題と相似の問題をもっていることが多い。スーパーバイジーは自分の中の十分には自覚されていない未解決の問題を患者の中に見出して、それに一所懸命働きかける。患者がそれを乗り越えていくのに併行して治療者も自身の問題を乗り越えるということがある。たとえば、今まで決断できなかった患者が決断できるようになると、治療者も今までできなかった人生の決断をするということがあった。またあるスーパーバイジーは、スーパービジョンで四例のケースを提示したが、スーパービジョン終結時に、「四例とも自己主張できないが認めてほしいというケースばかりだった。自分の問題と重なっていた」と語った。こういうことはよくある。亡くなった丸田俊彦先生が、研修症例を提示した治療者に「それって誰のこと?」（患者のことか治療者自身のことか?）と問うておられたのをなつかしく思い出す。私自身にもそういうことがあった。初心のころ熱心にかかわった強迫性障害の男子高校生が、商家の長男で、親の期待を受けて育ち、運動が苦手で、人づき合いが下手で、周囲からは孤立しており、宇宙への関心に心を奪われていた。治療中には気づいていなかったが、治療終結後に症例報告の論文を書いているときに、患者と自分は共通するところが多かったのだとあらためて気がついた。

スーパーバイジーは自身と患者との重なりに十分に気づいていないことが多い。スーパービジョン・セッションの中で話し合っていると、自身との重なりが自覚されてくる。すると、重なりだけでなく違いにも目がいって、患者理解が深まってくる。そしてそれを自身の言葉で言えるようになる。それを聞くと感心することも多い。

スーパービジョンをしている間にスーパーバイジーがいきいきしてきて、人生の重要な決断をしたり、恋愛したり、結婚したりする人がいる。花ひらいてくるという印象を受ける。スーパーバイジーに二〇代、三〇代の方が多いので、こういうことがあるのは当然なのかもしれないが、スーパービジョンが彼らが花ひらくことに何らかの影響を及ぼしたのではないかと思いたくなる。

スーパーバイザーの役割は、スーパービジョン・セッションの中でスーパーバイジーがのびやかに自身の気持ちや考えを語ることができるように促すことだと思う。それができると、スーパーバイジーの中に本来あって、しかしまだ明確な形をとることができなかったものが、形になって現れてくる。そういうことが可能になるような場を作ることがスーパーバイザーの仕事だと思っている。スーパーバイザーが「岡目八目」で自分の方がよくわかっていると思いこんで自分の意見を押しつけていると、スーパーバイジーののびやかな成長が妨げられる。

あるスーパーバイジーに「先生（成田）があまり何も言わないので手を抜いているのかと思っていたが、自分で考えている自分があるようになった」と言われたことがある。別のスーパーバイジーからは「ひとりで考えているとわからないが、ここに来るとわかる」と言われた。またあるスーパーバイジーから、自分がケース・カンファランスで助言をしなければならなくなったがどうしたらよいかと相談された。私が「私がここでやっているように、つまり『うん』とか『はあ』とか相づちを打って、発表者が自分の気持ちや考えをできるだけ言葉にできるように促して、それを無理のない気持ちやもっともな考えだと認めていればよいのですよ」と言ったら、彼は苦笑したが、必ずしも私の発言を否定はしなかった。なるほど成田のしていることはそういうことだと思ったのであろう。後日聞いてみたら、成田の言葉を思い出しながら助言をしたら、発表者も参加者も、十分ではないかもしれないが、まあ満足してくれたようだとのことだった。

こういうふうになることが私の理想である。どうしたらそういう場を作ることができるかが今の私の課題だが、どうしたらよいかはまだよくはわかっていない。一つには、実際の対局者にあたるスーパーバイジーの方が、第三者である私より実はよくわかっているかもしれないといつも思っていて、スーパーバイジーから教えてもらうことができるようにすることであろう。実際スーパーバイジーの発言から教えられたことがあって、「教えてもらって料金をもらって申し訳ないね」と言ったことがある。言ってから気がついたが、患者に対しても同様に思うことがある。むしろそう思えるようになった方が経過がよいようだ。二つには、スーパーバイジーが実はもっているものを引き出したいといつも思っていることであろう。与えたいとばかり思って引き出したいと思っていないと、中にあるものが引き出されてこない。三つには、私自身の心をできるだけ耕して、自分の心の底の気持ちや思いをできるだけ自覚し、その気持ちや思いに心の中で発言を許しておくということだろうか。自分の気持ちや思いに発言を許しておける度合に応じて、スーパーバイジーの気持ちを引き出せるような気がする。

患者に対しても同様である。患者の中に潜在可能性としてあるものに形を与え表現させることが治療者の仕事である。ただし、潜在可能性にはいろいろなものがあり、なかには恐ろしいものもある。だから何を引き出そうとするかに、私の中で何らかの選択が働いているのだと思う。どういう選択が働いているかは、おそらく私の治療観、人間観にかかわってくるであろう。いずれ考えてみるつもりである。いずれにしても、患者の中にまったく存在しないものを、治療者が患者の中に作り出すことはできない。患者が治療者の言ったことを、しばらくしてから、あたかも自分の意見のように言うことがよくある。それは、治療者の発言を患者が取り入れたのだと考えられているようだが、私はそれは取り入れではなく、もともと患者の中にあったものが治療者の言葉に触発されて形をなしてきたものだと思う。だから患者は、自分が治療者の言葉を繰り返しているとは思っていない。自分の考えだと思っている。そしてそれは正しいのだ。そもそも治療者が解釈するとき、その解釈は患者の中にあるがつながっていないものをつなげて意味を付与するものだから、患者の中に何ものかが存在しなければ解釈などできないのである。

治療者である私の考えと患者の考えが違っていることはある。そういうとき私はもちろん自分が正しいと思っているのだが、のちに経過をふり返ってみると、患者の方が正しかったのだなと思うことがある。ふり返ってみて、やっぱり私の方が正しかったと思うこともないではないが、そういうことは思いのほか少ない。私の方が正しかったと思うのは、おおむね、治療がうまくゆかなくて患者の状態が悪化したり、患者が以前にまして不幸になってしまったときである。「だから言わないこっちゃない。私の言うことを聞いておけばよかったのだ」という気持ちになる。しかし、患者が私の言うことを聞いていたら幸せになったかどうかは実はわからない。私が自説を主張することで患者の中にあったものを引き出し損ねたので、経過が思わしくなかったのかもしれない。

患者の言うことの方が正しかったのだなと思うときは、患者がよくなっているときである。患者があのときこう言ったのは、あるいはこういうことをしたのは、そのときはおかしなことを言うものだ、変なことをする人だと思ったけれども実はこういう意味があったのだ。本当にそうだなと患者（の無意識）に敬意を表したくなる。ひょっとしたら、治療者としての私が謙虚になれたときに治療が進展するのかもしれない。

スーパービジョンに話を戻す。私は現役の医師として仕事をしているときもスーパービジョンを行っていた。むしろ現役であることがスーパーバイザーとして必要なことのように感じていた。スーパーバイザーが現役の治療者でないと、いわゆる「評論家」のようになってしまい、よいスーパービジョンはできないとどこかに書いてあったのを読んだこともある。だから病を得て医師の仕事からは退き、しばらく休んでからスーパービジョンだけをするようになったときは、なんだか肩身の狭い思いがした。しかしそのうちに、コーチというものは大体現役を退いた人間がするものだと思うようになった。現役医師のころはスーパービジョンをしていてもなんとなくこれは副業だという気持ちがあったが、今はこれが本業だと思っている。現役を退いてはじめて見えてくるものがあるという気もするし、若い治療者によい治療者になってほしいという気持ちがより純粋になったような気もする。そうなってみると「岡目八目」という言葉はありがたい。現役を退いてまったくの局外者になったからこそ見えてくるものがあるという考えを、この言葉が支持してくれるからである。

しかし経験が増すにつれて、必ずしもそうでもない、やはり当事者の方がよく見えるのだという気持ちも強くなっている。これからも「岡目八目」は本当か、本当でないかを行ったり来たりすることになりそうである。

（付記　『「先生」と呼ばれて』三七頁で「先生転移」という言葉について御教示を乞うと書いたところ、相田信男氏より懇切なお手紙と、この言葉をはじめて用いた加藤隆弘氏の論文のコピーを送っていただいた。加藤氏の論文からは多くを教えられた。記して両氏に感謝する）

患者観、人間観について

あるところでこれから臨床心理士を志す人たちを対象に講演をしたとき、講演の後「精神分析的精神療法を行う際にどういうことを目標にしているか？　目標とする人間像があるか？　ある分析家は、その人が柔軟に、かつ十全に生きることを援助すると言っているが」という質問があった。これは私にとってきわめて刺激的な質問で、自分ははたして何を目標にしているかをあらためて考えさせられた。それまで私は精神療法をする際に、患者にどういう人間になってほしいかなどということを意識的に考えたことがなかったからである。

精神科の臨床医として、私はまず患者の主訴の解消あるいは主観的苦痛の軽減を考えている。そしてその次には、患者の現実適応が改善することを期待している。患者にどういう人間になってほしいかなど神様が考えられることで、私の仕事はそれよりずっと手前のことだと思っていた。今も基本的にはそう思っている。

主訴の解消、主観的苦痛の軽減だけでもなかなか困難な仕事で、なかには生涯にわたって苦痛を伴う症状をもち続けなければならない人もある。現実適応もまたむずかしい。苦痛が持続するゆえに現実から引きこもらざるをえない人、働く意欲はあっても症状のために働けない人もいる。また別のときに「自分は死に瀕している人にかかわることがあるが、死に向かいつつある人に現実適応の改善と言っても意味がないのではないか」と言われた。しかし、死が間近に迫っているということがその人にとっての現実である。その現実をどう受けとめ、どう対処するか。現実に圧倒されて混乱し苦しむか、それとも平静な気持ちでそれを受け入れるかは、間近に迫った死という現実にどう向き合うか、つまりどう適応するかという問題だと思う。

　精神科医として患者に会うようになってまず感じたことは、患者というのは不幸な人たちだということだった。彼らの多くは恵まれない環境の中で育ち、家族や友人など支えてくれる人も少なく、孤独である。その上病に苦しんでいる。精神科医になったばかりの頃は、そういう患者を助けたい、救いたいと思った。患者は可哀相な人だから助けなくてはと。しかししばらくするうちに、そんなことは私にとうていできることではないとわかってきた。彼らを救うには経済的な援助をするか、あるいは彼らの友人になったり、さらには結婚したりしなければならないとさえ思った。事実、何らかの事故の被害者でさまざまな身体的苦痛に苦しんでいた人が、まとまった補償金が入るとすっかり元気になることもある。神経症的症状がなかなかとれなかった人が、遺産を相続すると症状がぐっと軽くなることもある。それじゃあ彼らの苦痛や症状は何だったのか。本当の苦しみではなかったのかというと、私はそうは思わない。経済的な苦境や、何故自分だけがこんな目にあわなければならないのかという怒りが彼らを病に陥らせていたので、彼らの病は決して金目当ての仮病などではない（ごくまれにそういうこともあるかもしれないが）。人間として無理のないことだと思う。ただ私にはそういう経済的援助をすることができない。もちろん彼らと結婚することもできない。

そういう経済的、社会的問題を心理的問題と捉え直してかかわってゆくのが精神療法家の仕事である。村瀬嘉代子先生（二〇〇八）は「心理的に援助をするということは、社会経済的な問題によって特色づけられ、規定されているにもかかわらず、それを心理的にどう対処するかという、いく分課題のすり替えを含む難しい問題である」と述べておられる。「課題のすり替え」というところ、ドキリとする言葉である。良心的な精神療法家ならときどきそういう気持ちにならざるをえないであろう。私もそう思うことがあったが、それを言葉にしてこなかった。そういうことに気づいて、精神療法家であることをやめて社会運動に身を投じる人もあったであろう。私にはそうする勇気もなかった。

自分の無力を感じつつ患者に会っているうちに、彼らの不幸には彼ら自身にもいくばくか責任があると思うようになった。彼ら自身が不幸を招いているように見えてしまう。たとえば境界例は、彼らにかかわる他者が自分を見捨てるであろうという信念をもち、相手がその信念どおりに、つまり自分を見捨てるように働きかけている（ように見える）。その結果、彼らの信念が実現してしまう。こういう信念こそが彼らを不幸にしているのだ。精神療法家の仕事は、患者がこういう病因的信念に支配されている自分に気づくように、そして相手が自分を見捨てるように（無意識的に）働きかけていることをやめるように促すことだと思うようになった。精神療法家として、患者にそうすることができる人間になってほしい。なってもらわないと彼らは「困った人」であり続けることになる。つまり私は、患者を「自己を知り自己を律する自立した個になってもらわないと困る人」と見るようになっていた。

こう思うようになって、私は彼らの行動の背後にある病理を指摘したり解釈したりするようになった。私としてはよかれと思ってすることだが、このような介入は患者には非難されたと受けとられてしまう。「先生は私が悪いと言うのですか」と言われたこともある。

私はしだいに、患者のさまざまな問題行動を病理のあらわれと捉えるのではなく、彼らの現実に対処しようと努力しているあらわれだと思うようになった。彼らは病理をもち病状に苦しみながらも、現実の中で生きてゆこうと苦闘している。その努力はぎこちなく不適応的で必ずしもよい結果を生んでいないし、逆効果になっていることもある。しかし彼らなりの努力ではある。こう思うようになって、私は彼らの努力がよりよい結果につながるように、より適応的になるように援助したいと思うようになった。言い換えると、患者を「自己を知り自己を律する自立した個になろうと努力している人」と見なし、その努力を援助しようと思うようになった。このことは多分ずっと前から言われていることで、精神療法の教科書にもよく読めば書いてあることなのだろうが、私が本当に身にしみてこう気づくのには何年もかかった。

精神分析の人間観もこのようなものだと私は思う。「エスあるところに自我あらしめよ」というフロイトの言葉は、フロイトが患者に「自己を知り自己を律する自立した個」であれと求めていたことを示している。私が精神分析に惹かれている理由の一つは、このような患者観、人間観が、私が臨床を積み重ねるなかからしだいに自分のものと思うようになった人間観と重なるからである。

以前にも書いたが、このような人間観は他の学派と共通するものではない。たとえば行動療法では、人間は他の哺乳動物と同じく条件づけたり脱条件づけたりできる存在と見なされている。システミックな家族療法では、患者（とされる人、Identified Patient）は家族というシステムのサブシステムと見なされる。「自己を知り自己を律する自立した個」と見なされるわけではない。むしろそんなものは幻想だ、というところから理論ができている。

私はそういう理論を非難しようと思っているわけではない。人間は多元的存在であって、哺乳動物ではあるし、サブシステムと見なされるところもある。そういう次元に働きかけることが患者の苦痛の軽減に役立つ場合もあるであろう。しかし「自己を知り自己を律する自立した個」になりうることが、人間を人間たらしめていると私は思う。

私は三七歳から五三歳までのほぼ一六年間総合病院の精神科で働いて、コンサルテーション・リエゾンの仕事に従事した。その中で主にかかわってきたのは腎透析患者と熱傷患者である。

私がかかわり始めた頃わが国の透析医療はまだ初期の段階であり、患者は週四回、一回数時間の透析を受けなければならず､透析に伴うさまざまな副作用もあった。患者は職を失い、結婚や出産を断念せざるをえないことも多かった。しかもこれからの人生をたえず死に直面しつつ、機械に頼って生きてゆかねばならない。腎移植という方法があるとはいえ、移植を受けられる人はごく少数である。生体腎の提供者が現れない場合は死体腎の提供を待つことになるが、それは提供者の死があってはじめて可能になる。他人が死ぬのを待っているようでつらいと言った人もある。

こういう状況のなかで患者の話を聞いていると、彼らがこれからどういう人生を生きてゆくかを希望をもって想像することがむずかしかった。私はそこでの自分の思いや経験を本に書いたりした（成田、一九八六）が、のちに思うと、書くことは暗い気持ちを何とか乗り越えようとする努力であったとも思う。私の書いたものを春木繁一先生が目をとめてくださって、先生が立ち上げられる「サイコネフロロジー研究会」で話をするようにと私を誘ってくださった。春木先生は大学生の頃から透析を受けておられたが、その後精神科医になって透析患者とかかわり、彼らに寄り添い彼らを支え、そこでの知見を著書に書いておられた（春木、一九九九）。私はお会いする前から先生の論文や著書は読んでいたが、先生は御自身透

りのようなものが生じる。今も主観的苦痛の軽減と現実適応の改善を目指していることに変りはないが、その底にこういう願いと思いを抱くようになった。これが私の患者観、人間観と言えば言える。

人間は齢をとるとこういう思いに至るようだ。自分の生の残り少ないことが実感されて、その残り少ない生をいつくしむという気持ちになるからだろうか。

文　献

春木繁一（一九九九）『透析患者の心とケア―サイコネフロロジーの経験から〈正編〉、同〈続編〉』メディカ出版（春木先生の著作は多数あるが、ここでは（正）（続）二冊の論文集をあげておく）
村瀬嘉代子（二〇〇八）『心理療法と生活事象―クライエントを支えるということ』金剛出版
成田善弘（一九八六）『心身症と心身医学―一精神科医の眼』岩波書店

治療者の自己開示について

精神療法過程で、自分のことを話すように患者から求められて困惑したことのない治療者はまずいないであろう。治療者というものは患者の質問に答えて自分自身のことを話したりしないものだ、話してはいけないのだと教えられているからである。伝統的精神分析においては、治療者の自己開示は患者の転移を汚染するとして禁忌《タブー》とされてきた。しかし近年、治療者の個人的性質や情動的関与が治療過程に及ぼす影響が注目され、自己開示の是非があらためてさまざまに議論されている。

精神療法とりわけ精神分析的精神療法における治療者・患者関係は、治療者が患者の内面を探究しそれに取り組むという職業的役割関係であるが、同時に、治療者も深く内省し一人の人間として患者と対峙する関係であって、そこに治療者の生身が現れざるをえない。つまり職業的役割関係と生身の人間関係との二重性を帯びている。

職業的役割関係とは、その関係の外にそれが何のためであるかという目的があって、関係はその目的達成のための手段としての関係である。たとえば、私が理髪店に行くのは、散髪をしてもらうという目的のために散髪の技術をもった専門家のところへ行くのであって、理髪師と生身の情緒的関係をもちたいと思って行くのではない。理髪師と私は散髪ができるだけ早く終るように協力し（私はじっとしているだけだが）、散髪が終れば私が料金を支払い、それで関係は終結する。

精神療法における治療者・患者関係も職業的役割関係である。これはある意味きわめて不平等な関係であって、患者にとって治療者は唯一人の治療者であるが、治療者にとって患者は多数の患者のなかの一人にすぎない。患者は治療者に心の深いところまで打明け、さまざまな感情を、ときには愛をすら向けるのに、治療者は職業的関心を向けるだけである。その上、患者の方が料金を支払わなければならない。治療関係を結ぶということはこういう不平等な関係を結ぶということである。

一方生身の人間関係はそれ自体が目的である。たとえば夫婦関係は夫婦であるということ自体が目的である。何か他の目的のために、たとえば国籍取得のためとか、相手に早く死んでもらって遺産を相続するためとかに夫婦になるということもあるかもしれないが、それは例外的なことである。夫にとって妻は唯一人の妻であり、妻にとって夫は唯一人の夫であり、双方が互いに情緒を向け合う。つまり平等（対称的）な関係である。関係自体が目的であるから、双方が関係の終結に向かって努力することはない。できるだけ早く離婚しようと思って結婚する人はいないのである。

精神分析における治療者・患者関係は職業的役割関係であるが、そこに生身の関係が入りこんでくる。入りこんでこざるをえない関係である。ある程度入りこんでこないと治療が深まらないとも言える。治療者が自分について、また自分の体験について語ることは、職業的役割関係の中に生身の自分をあらわにすることにつながる。

フロイトは治療関係から生身の人間関係をできるだけ排除しようと考えていたようで、「分析医に対する分析治療上の注意」（Freud S, 1912）でおおむねこう述べている。

患者に自分自身のことを語ると患者も話しやすくなってよさそうに見えるかもしれないが、経験上そうはならない。告白には告白で応えるという方法は患者の無意識の発見にはまったく役に立たず、かえってより深い抵抗を克服できなくさせてしまう。より深刻な場合には、そうした方法はそれが患者のなかに喚起する貪欲さのために必ず失敗する。患者は貪欲になって状況を逆転させようとし、自分自身を分析するよりも分析者を分析する方が面白いと思うようになるからである。分析者は患者から窺い知れない存在であるべきで、鏡のように、自分に提示されたものを反射するだけにしておくべきである。分析者の唯一の仕事は、患者の素材を理解し、明確にし、解釈することであり、示唆、誘導、意見などの分析者の人となりを窺わせるようなコメントは分析の道具ではない。

このフロイトの見解はその後の精神分析の中で、おそらくフロイトの意図を越えて厳密に継承された。治療者の自己開示は治療者の体験を患者に押しつけることであり、治療者の現実を示すことで転移を汚染し、治療者と患者との境界の維持を困難にし、性愛関係の発展などの不適切な行為に結びつきやすいとして、タブーとなった。

しかしフロイトは実際にはかなり自分のことを患者に話していたようで、理論として主張することと実際に行っていることとはかなり違っていたようである。

たとえば、四四歳にして詩作と人生に行き詰った詩人ＨＤ（Hilda Doolittle）は当時七七歳であったフロイトの分析を受け、そのときの体験を著書『フロイトにささぐ』（一九七五）

にこう書いている。

分析の中でフロイトに母性的なものを感じたHDがそれをフロイトに告白したとき、フロイトは「それで——言わずにはおれないのだが（あなたが何でも打明けてくれるから私もあなたにそうしたい）、感情転移で母親になるのは好きではない——いつも驚きだし少しはショックです。自分ではとても男性的だと思っているから」と言った。HDが、いわゆる母親転移を持った人が他にもいるのですかと尋ねると、フロイトは「ああ実に多いね」と皮肉な口調で答えたと。

ここでフロイトは、自らすべきでないとした「告白には告白で応える」というやり方をしている。フロイトは自分の理論的主張と実践とが必ずしも一致していないことに自身気づいていたようで、弟子に向かって「私の言うようにやりなさい。私がしているようにしてはいけない」とどこかで言っていた（どこに書いてあったか思い出せない）。一方でマートン・ギルによると、フロイトは弟子たちがあまりに厳密に自分の教えに従うことにがっかりしていたらしい（Wachtel P, 2011）。フロイトは自己開示について葛藤をもっていたのかもしれない。あるいは、理論的主張とは違って実際にはもっと自由に臨機応変に行っていて、彼の教えを金科玉条としている堅物の弟子たちにもっと融通をきかせろと言いたかったのかもしれない。

私は治療過程の中で治療者の生身が現れるのは避け難いことだと思う。治療者はそれがどのように現れているか、そしてそれが治療過程にどのように影響しているかを自覚し検討すべきであろう。われわれは決して空白のスクリーンとして患者の前に存在することはできないのだ。たとえば治療者の年齢、性別、外見、服装、声とその調子、面接室の内装や家具に現れる治療者の趣味、さらには社会的地位や立場、そしてそれらが全体として醸しだす雰囲気は、治療者が意図する、しないにかかわらず患者にとって大きな意味をもつ。われわれが身体の病気で医者にかかる場合も、そういったもので医師の人柄や能力を判断していることが多いと思う。

さらに私の経験では、治療者が自分の内的体験を患者に表明することが治療の転機となることがある。

自己開示について論じる際に、それがどういう種類のものかを考える必要がある。自己開示にはさまざまな種類あるいはレベルがあるが、従来その区別がなされないままに自己開示の是非が論じられているように思うからである。

自己開示には次のような種類がある。

- 意図せざる自己開示
- 意図的に行う自己開示
- 外的事実の自己開示
- 内的、主観的体験の自己開示
- セッション外のことに関する自己開示
- セッション内の治療者の体験に関する自己開示
- 患者の質問に答える自己開示
- 治療者が自発的に行う自己開示

これらは互いに重なり合うこともある。

私はセッション内の治療者の主観的体験（患者の言動に対する反応）はできるだけ開示する方向で考えるべきだと思っていて、これを「白状する」と称している。患者の話を聞いているうちに治療者のなかに生じる不安、困惑、葛藤ときには眠気でさえ、それを「白状する」と、治療の転機になることが私の経験にはよくある。

一例をあげる。

患者はひとりっ子で、母親に「着せ替え人形」のように育てられ、勉強も母がつきっきりで教えていた。一〇歳ごろから恐怖症的、心気症的訴えが出現し、中学に入ったころから同級生がおとなに見えて圧倒され、心気症状や強迫症状が増え、母につきまとって保証を求め、ときには「どうしたらいいんだ！」と怒鳴ったり、刃物を持ち出して自傷しようとするようになった。中学三年のときに初診し、以後十数年にわたって私がかかわり、その間数回の入院歴がある。患者の話がいまひとつわかりにくく、自傷や乱暴運転などの行動化のコントロールがむずかしく、治療者として困惑することが多かった。

二〇歳を過ぎて通信制高校に入りなおしたりアルバイトを始めたりした、いわば自立への踏み出しとも言うべき頃の、入院中のある面接で、彼は一方的にやや矛盾したわかりにくい話をしつつ、「先生が口をはさんで、まだそこがいけないと言う。先生と話していると自己否定に陥ってしまう」と言う。私は患者の話に圧倒されてそのときは何も言えなかったのだが、あとで、患者の母親がいつも患者の話に口をはさんで批判をしていたことを思い出し、患者はそういう母親像を私に投影しているのだろうと思った。しかしそういう解釈をしても、患者には「先生が口をはさんで、まだそこがいけないと言う」と体験されるであろう。そこで次に同じような事態が生じたときに「私がそんなに口をはさみましたか？　どこで？」と問い返した。しかし患者は「そういう気がするんだ」と言い張り、緊張した雰囲気が続いた。私はついに「あなたの言っていることがもうひとつよくわからなくて、あせりや無力感を感じる。おそらくいまあなたも同じような気持ちではないか」と言った。すると患者は「自分でも自分の気持ちがよくわからない。ずっと母の言うとおりにしてきて自分というものがなかった」と言い、緊張した雰囲気はすこしやわらいだ。

この後しばらくして患者は自ら「退院します」と宣言して退院するが、そのとき「先生にも母親に対するのと似たような気持ちで接していた。先生に縛りつけられているみたいで、一生離れられないような気がしていた。『退院します』と言えて、自立が実感としてわかった」と言った。

この例は、面接の中で治療者が感じた困惑を表明（開示）すると、それが患者の気持ちと重なっていて、共感ともなり、解釈にもなっていたと考えられる。

自己開示を一概にタブーとするのは必ずしも治療的ではない。治療者は意図する、しないにかかわらずさまざまな自己開示をしているものだから、それを自覚し、それが治療にどのように影響しているかを検討しなければなるまい。患者から自己開示を求められたとき頑なに拒否するのは、治療関係の不平等性をあからさまに突きつけることになり、患者との間である種の権力闘争が生じやすい。治療者は自己開示についてひらかれた態度を保ち、必要かつ適切な場合には開示する用意をもつべきだと思う。その際、求められているのがどのような種類の自己開示かを考えなければならない。

セッション内の治療者の主観的体験については、私はできるだけ開示するようにしている。そうすることで患者は、一連の技法を行使する技術者ではなく一人の人間としての治療者に出会うことができる。また、自分が他者にどのような反応を生じさせるかを、いま・ここで知ることができる。

自己開示についてはまだ論ずべきことがたくさんある。とくに「必要かつ適切な場合」とはどういう場合かを明らかにしなければなるまい。いずれ稿を改めて論じたい。

文献

Doolittle H (1975) Tribute to Freud. McGraw-Hill.（鈴木重吉訳（一九八三）『フロイトにささぐ』みすず書房）

Freud S（1912）「分析医に対する分析治療上の注意」（『フロイト著作集9　技法・症例篇』人文書院）

Wachtel P（2011）Therapeutic Communication : Knowing what to say when, Second Edition. Guilford Press.（杉原保史訳（二〇一四）『心理療法家の言葉の技術　第二版』金剛出版）

治療者が病気になるとき

治療者も人間であるから病気になることがある。治療者になる前から病気であったり、病気になったことがあり、そこから同じような病気の人を救いたいとか、よりよい治療を提供したいという気持ちが生じ、それが治療者になるモチベーションになっていることがある。また治療者になってから病気になることもあり、なかには治療中に患者から投げ込まれる激しい感情に治療者が耐えられなくなって、それが病気の発症や憎悪を引き起こすこともある。治療者が破壊されてしまうのである。ときにはそのために治療者であることをやめなければならないこともある。

治療者の病気が患者にどういう影響を与えるか、また患者との面接が治療者の発病やその後の経過にどのように影響するか、そして治療者が患者に自分の病気を告げるかどうか、さらに論文中に自分の病気を公表しそれについて考察するかどうかなど、考えるべき問題は沢山ある。

こういうことを私が考えるようになったのは、もともと身体が頑健でなく、しかも近年病気になることが増え、それを患者に告白せざるをえなくなったり、ついにはそのために治療者をやめなければならなくなったからである。

私は若い頃から頭痛もちで、しばしば偏頭痛の発作も起こした。そのため休日は一日中寝ていることもあった。頭痛のある日は「今日はちょっと体調が悪くて」と患者に告げるようにしていた。体調が悪いときの私の態度を患者が自分に対する反応だと思い、不必要に失望したりあるいは怒ったりするのを防ごうと思ってのことである。告白しないでいると、患者がそういう反応を示すことがときどきあった。しかし告白すればするで、患者に気を遣わせ、治療上一時期必要なことがある治療者への依存や万能視を困難にするであろうから、治療者は健康でなければならないのだろう。私は頭痛の起こる理由の一部は患者との面接のストレスにあるのだろうと思っていたが、三七歳のとき大学の助手をやめて総合病院に赴任した頃から頭痛は起きなくなったので、患者との面接より大学の教員として医局にいることのストレスの方が大きかったのかもしれない。

総合病院の仕事は多忙であった。ほぼ一六年間勤めたが、おしまいの方は疲労困憊していた。妻によると「もう死ぬ」とよく口走っていたらしい。自分でもこれでは定年まで勤める自信がないと思い始めていたときに、臨床心理士養成のための大学院を作るから手伝えと誘ってくださる方があって、文科系女子大の教員になった。八年間女子大にいたが、この時期は私の人生の中では明るい時期であった。妻に「あなたこの頃もう死ぬと言わなくなったわね」と言われた。しかし、人を教えるということは私にはたいへんむずかしく、教育者としては失格だとわかってきたので、六〇歳で大学をやめ、友人のクリニックに雇ってもらうことにした。クリニックの嘱託となり週四日外来診療をするとともに、大学院の教育にもすこしだけかかわった。この間に目の手術を四回受けた。私は子どもの頃から強度近視でとくに左眼の視力が弱かったが、強度近視者に特有のいくつかの病気が出たからである。四回の手術はいずれも一週間以上の入院を必要とした。現在は両眼とも人工レンズで、読書用に焦点を合わせてもらっているから遠くは見にくい。遠くを見る眼鏡、中くらいのところを見る眼鏡を使っているが、日常的には眼鏡をかけずに暮らしている。そのため遠くの方で知人や患者が会釈してくださっていても気づかないことが多く、その人たちの気持ちを傷つけたり、ときには無礼な奴だと思われたりしたことが何度もあったので、眼の悪いことは日頃から宣伝することにしている。眼が見えなくなると心眼が開けるというが、中途半端に見えるせいかいっこうに心眼が開ける気配はない。

クリニックではほぼ一〇年働いたが、後半はパーソナリティ障害の専門家のように見られたのか、ボーダーラインをはじめとして、他のところでいろいろトラブルを起こして転医してくる患者にとり囲まれているような感じになっていた。やめる数年前から、年齢のせいもあるだろうがあちこちに病気が出た。ひどい咳が続き、呼吸器科や耳鼻科で診てもらったがはっきりしたことはわからず、まあアレルギー性のものでしょうということになった。心因性の要素があったのかもしれない。診察中にもよく咳をしていたから、患者だけでなく周りのスタッフにも心配をかけたり不快の念を与えたと思う。さらにやめる半年程前に、高血圧やその他の病気でかかっていた内科開業医に貧血を指摘され、かつて働いていた総合病院で精査を受けたところ胃癌が発見され、胃の四分の三を切除する手術を受けた。手術後にダンピング症候群などあってかなり苦しかったので、二カ月あまりクリニックを休んだ。医者になってからこれだけ長期に休んだのははじめてである。これは多分身体が限界だと告げているのだと思って、復職して数カ月勤めたあと年度末に退職した。やめるとき、ある患者の家族から「先生がおやめになるのは私どもの患者のせいではありませんか」と幾分同情のまなざしで言われた。そのときは「そんなことはありません」と答えたが、やめてから、その患者のことがたいへん負担になっていたのだと気づいた。その患者はさまざまな行動化を起こし、私だけでなく他のスタッフにも負担になっていたから、その家族の言ったことはある程度本当だったと思う。私が患者の投げ込んでくるものを適切に消化できずに、破壊されてしまったのだろう。私の未熟のゆえといえばそのとおりだが、精神療法家にはときにこういうことが起こると思う。

ほかにもいろいろなことがあった。

私が診ていたいわゆるむずかしい患者を何人かの同僚に紹介したが、その同僚から患者がひどく怒るので困っているという話を聞いた。患者はやめる私に見捨てられると感じたであろうが、やめる前の私はいかにも病人に見えたであろうから、そういう私に怒りを表出しにくかったのだろう。その怒りが治療を引き継いでくれた医師に向けられたのだと思う。申しわけないことであった。

一方こういうこともあった。

やめるときに多くの患者から感謝の言葉を添えた贈り物をもらった。書見台や万歩計や身体によいというサプリメントなど、私の健康を気遣ってくれたことがよくわかる物が多かった。手作りのコサージュや夫婦（両者とも患者）で作ってくれたパズルの大作もあった。画家志望の青年は自分の作品の一つをくれた。もうやめる医者に贈り物をしても患者に何の見返りもないのは明らかである。それなのにこんなにも感謝してくれるのかと本当に感激し、喜んで受けとった。

自分のことを書きすぎた。

治療者の病気ということでまず思い出すのはフロイトのことである。フロイトは六六歳で上顎癌にかかり、結局その癌で死んだ。このことはよく知られているが、実はその前からいろいろ病気だった。アーネスト・ジョーンズ（Jones E, 1961）による伝記を読むと、フロイトにはいくつかの身体的病気があった。三〇代には天然痘にかかり、腸チフスと診断されたこともあり、リウマチ性の痛みもあった。坐骨神経痛で五週間仕事から離れていたこともある。ひどい副鼻腔炎もあり、喉のアンギーナで数週間のみ込むことものを言うこともできなかった。生涯偏頭痛の発作から逃れられなかった。その上ジョーンズによると「これらのやっかいな病気も、成年時代の初期の二〇年の間彼を苦しめた心理的な原因の病気に比べればはるかに楽なものであった」フロイトは当時これを「神経衰弱」と呼んでいた。主な徴候は便秘を伴うひどい消化不良であった。フロイトが異常なほど緊張しやすかったのは明らかだった。また気分の変動もあって、ふさいだ気分になったり、成功と幸福への絶対的確信をもつこともあったという。

フロイトに致命的な病気の徴候があらわれたのは一九二三年である。周囲は癌であることをフロイトに隠そうとしたが、フロイトははじめから自分が癌であることを知っていた。このとき以来障害がひどくなると手術をするという繰り返しが生じ、その後一六年間続いた不快と苦痛が始まった。大きな補正物を口腔に入れなければならなくなり、それを入れたり出したりすることがきわめてむずかしく、フロイトと娘アンナはそのためにたいへん苦労しなければならなくなった。痛みがあったが、フロイトは「はっきり考えられぬくらいならば、苦痛の中で考えた方がましだ」と言って、なかなか鎮痛剤をのまなかった。

フロイトの学術論文には自身の病気についてふれたところがほとんどないようだ。ただ一九二四年の八月から九月に完成された「みずからを語る」（Freud S, 1925）には、自身の病気と死についてすこしふれられている。フロイトは自身が癌であることを知って、研究者としての自分の人生を総括しようとしたのであろう。その中でアメリカ講演旅行中のエピソードを語っている。

「哲学者ウィリアム・ジェームズとの出会いもまた、あとあとまで印象に残った。ささやかな情景を私はいまだ忘れることができない。散歩の途中、彼は不意に足を止め、鞄を私に預けて先にいってくれと言ったのだ。『いま狭心症の発作が起こりかけていますが、治まったら、あとから追いかけますからね』。一年後、ジェームズは心臓病で亡くなった。私はそれ以来、遠からず死に直面するときには、彼のような恐れのない態度でありたいと願っている」

もう一箇所引用する。

精神分析が発展し、門人や協力者の寄与がますます重みを増してきていると述べたあと、フロイトはこう言う。

「おかげで私は、病気が重くて人生の終りも近いと告げられているいま、自分自身の仕事が途切れてしまうと思っても心穏かだ」

癌を発病し、さまざまな苦痛や困難に耐えながら、余命いくばくもないと思っていたフロイトが、この「みずからを語る」の中で自身の病気についてふれたところがこれだけしかないことに驚きを覚える。死に直面してここまで淡々としていられるのは、みずからの死をも一つの避け難い事実として認めることができているからであろう。

ただし治療が一応は成功して、フロイトはその後一六年間生きて分析を続け、多くの著作を残した。その間の闘病がいかに苦しいものであったかは伝記を読めば明らかだが、フロイトのその後の著作中に自身の病気についての言及はほとんどない。病気は私的なことで、分析家としての仕事とは直接関係がないと考えていたのであろう。死の直前も「あと数週間は生きられるでしょう。そうすれば分析を続けることができる」と言っている。

フロイトの健康状態や病気について患者や被分析者がどれほど知り、どのような態度をとったかは私には知ることができない。患者や被分析者の書いたもので私が読んだのは狼男の「わがフロイトの思い出」という手記とヒルダ・ドゥリトル（ＨＤ）（Doolittle H, 1975）の『フロイトにささぐ』という本くらいだが、その中にフロイトの病気についての言及はない（いま読み返して確認したわけではないので、ひょっとしたら見落としがあるかもしれないが）。とくにＨＤが分析を受けたのはフロイト七七歳のときだから、癌の発病後ほぼ一〇年を経過し、フロイトはすでに何回も手術を受けていただろうし、大きな補正物を口腔に入れていて発声も不自然であったと思われるのに、ＨＤはそれについて一言もふれていない。フロイトへの敬意が病気にふれることを避けさせたのであろうか。

フロイトが論文中に自身の病気についてふれることがないのは、私事としての病気と仕事としての分析とを峻別する厳しい態度であり、尊敬に値するが、一方、治療者が自身の病についてて語ることが患者たちに勇気を与えることもある。

精神科医としてわが国にサイコネフロロジーという学問を導入し、透析患者のとくに精神面での治療に大きな貢献をした春木繁一氏は、実は大学生のときから腎炎にかかり、三二歳のときから透析を受けておられた（『患者観、人間観について』で、大学生のときから透析を受けておられたと書いたのは私の記憶違いであった）。以後七五歳で亡くなるまで四十数年にわたって透析を受けつつ、精神科医として多くの透析患者を治療し援助してこられた。春木氏はその間の苦闘を『透析とともに生きる』という正・続二冊の本（春木、二〇一三）に赤裸々に語られている。この本は、雑誌「透析ケア」に「重荷を背負った人生はそれなりの味がする」と題して連載されていたものに加筆してまとめられたもので、連載の第一回目は「私は、自分自身透析患者である」という一文で始まっていて、この本の冒頭にもこの言葉がある。「透析ケア」という雑誌は透析にかかわるスタッフ向けの雑誌だが、おそらく多くの患者もこの連載を読んだと思う。患者たちは自分たちと同じ病気をもち同じ治療を受けている人物が医師として自分たちの治療にあたってくれていることを知って、安心と勇気を与えられたであろう。透析患者の人生は必ずしも暗いものではない。それを仕事に活かして生きている人が目の前に存在していると。

前にも書いたが、私自身総合病院でコンサルテーション・リエゾンの仕事をし多くの透析患者と会ってきた。その中で春木氏の著作から多くを学んできたが、何よりも春木氏の生き方そのものから学ぶことが多かった。

春木氏を治療した太田和夫氏（当時、東京女子医科大学教授）はこの本の帯に「自らを研究の対象とした著者の語りは、日本のサイコネフロロジー誕生の歴史そのものである」と書いておられる。春木氏はこの太田教授と、透析患者である自分との結婚を決意し支え続けてくれた妻宥子氏への感謝を繰り返し述べておられるが、そのような支え手が現れたこと自体春木氏の人格のなせることであったと思う。春木は一昨年亡くなられた。御冥福を祈る。

病気をもつことはつらいことである。しかし病気をもつことによってはじめて開示される生きることの意味というものがあるような気がする。そしてそれを知ることは、精神療法家としての成熟に寄与すると思う。

文献

Doolittle H (1975) Tribute to Freud. McGraw-Hill.（鈴木重吉訳（一九八三）『フロイトにささぐ』みすず書房）

Freud S (1925)「みずからを語る」『フロイト全集18 一九二二―二四年――自我とエス・みずからを語る』岩波書店）

春木繁一（二〇〇五）『透析とともに生きる』メディカ出版

春木繁一（二〇一三）『続　透析とともに生きる』メディカ出版

Jones E (1961) The Life and Work of Sigmund Freud. Pelican.（竹友安彦・藤井治彦訳（一九六九）『フロイトの生涯』紀伊國屋書店）

書くことをめぐって

書くということについてはすでに二、三のところで語った（成田、二〇一四a；二〇一四b；二〇一五）ことがある。一部重複するかもしれないが、書くことをめぐって心に浮かぶことをもう一度書いてみることにする。

他人《ひと》の書いたものを読んで、それまで知らなかったことを知るということはよくある。本を読む目的の一つは情報、知識を得るということだろう。しかし、そういう目的で読んでいても、読んでいるうちに知識だけでなく、ある種の雰囲気、さらにはそこににじみ出ている著者の精神性や人柄を感じとって、しだいにそこに魅せられるということがある。精神療法に関する本でもそういうことがあり、ときにはそこに自分にはない何か高貴なものが感じられて、頭の下ることもある。何でもないことが書いてあるのに、知識としては私もすでに知っていることが書いてあるのに、「あー本当にそうだよな」とあらためて感じ入ってしまうのである。

私の書くものも読者にそういう印象を与えることができるとよいなとは思っている。そんなふうに読んでもらえるものを一生のうちには書けるようになりたいと願ってはいる。ただしこれはひそかな祈願であって、実際にものを書くときにそういうことを意識して、それを目標にして書いているわけではない。そんなことを目標にしていては、なんとも気障なものになってしまうであろう。

以前に書くことについて書いたとき（成田、二〇一五）、何のために書くかというところで、

①依頼に応える
②情動を発散する
③自分の考えを確認する
④自分を発見する
⑤本当の自分を見定める

の五項目を挙げた。

私が書いたもののほとんどは、教授の指示や他の専門家や出版社からの依頼に応えて書いたもので、誰かに依頼されたのではなく自分から書きたいと思って書いたものはごくわずかしかない。依頼に応えるにはそのテーマについて勉強しなければならないから負担であったが、それが自分のためになると言い聞かせて、極力断らないようにしてきた。昔ある落語家が「出演の依頼があれば、お天道様に感謝してどこへでも出かけます」と言うのを聞いたことがある。また、これも三〇年ほど前のことだが、当時家族療法家として注目されつつあった石川元先生にある原稿を依頼したとき、彼が「依頼してくださってありがとう」と言った。石川さんは覚えていないであろうが、私にははっとすることばだった。この二つのことばを挙挙服膺《けんけんふくよう》して、依頼があれば断らないようにしてきた。自分のためになると言い聞かせて書きながら、情動を発散し、自分の考えを確認し、自分を発見し、本当の自分を見定めようとしてきたのだろう。つまり、もっぱら自分のために書いてきたわけで、読者のことは考えていなかった。ものを書き始めたころ（四〇歳ごろからである）、私の書くものを読んでくれる人がいるということが実感としてなかなか信じられなかった。だからもっぱら自分のために、自分に向かって書いてきた。自分の中に、まだ自分の書くものを読んでいない自分を想定して、その「彼」に向かって書いていた。小林秀雄がどこかで、自分の中に理想の読者を作りあげることが作家にとって大事なことだと言っていたと思うが、私の「彼」が理想の読者かどうかはわからない。ただ私が意識しているただ一人の読者ではあった。

自分の中のかつての自分（彼）に語りかけ、彼がそうだよねと納得してくれることを書こうと思っていた。要するに、自分が納得したことを書こうと思っていた。こう言うと良心的のように聞こえるが、カラオケで自分で歌って自分で聞いて陶酔するのに似ている。だんだんこれではいけないのではと思うようになった。それに、編集者が依頼してくれるということは、読者がある、つまり金を払って私の本を買ってくれる人があると少なくともその編集者が予測しているということである。だから読者のことも考えなくてはならないと、ようやく五〇歳ごろから思うようになった。

こういうことを『精神療法家の本棚』（成田、二〇一四a）という本の原稿に書いたら、編集者に、そう思うようになってから書き方がどう変わってきたかを書けと言われたので、次の文章を書き足した。

「これまで私は草原の中にポツンと立っている一本の木のような文章を書きたいと思っていた。その木はその下を通る人たちに何かを要請することはない。黙って通り過ぎてもなんらさしつかえない。そういう気持ちであった。それが少しずつ、木の下で憩う人がいてくれるとよいな、そこでひととき語り合ってくれるとよいなと思うようになった」

編集者はここのところを裏表紙の宣伝文に使ってくれた。この文章を書いたときには、自分の実感をそのまま書いただけでとくに何とも思っていなかったのだが、宣伝文に採用されたのを見ているうちに、結構自分らしい、いい文章だと思うようになった。「ポツンと立っている一本の木」というのは、私がいつも漠然と感じている寂寥感をよく表している。青年期の孤独な自己像そのもののようでもある。また「一本の木」と書いたとき、大震災を生き残った「奇跡の一本松」のことが念頭にあったから、自分の書くものが風雪に耐えて生き残ってほしいという願望があったのかもしれない。

もう一つ思い浮かべていたのは、テレビで大きな木が写って「この木何の木気になる木、名前も知らない木ですから……♪」という歌が流れるコマーシャルである。ちゃんと覚えていないが、二番三番と進むうちに、その木に花が咲き、その下で人たちがつどうという歌詞だったと思う。この歌を思い浮かべていたのだから、「一本の木」と思ったとき、その下につどう人たちがいてくれるとよいなと心のどこかですでに思っていたのかもしれない。この気持ちは少しずつ大きくなって、自分のためだけでなく、自分と感性に似たところのある精神療法家の共同体というものがあると信じて、その共同体に向かって書くという気持ちになってきた。

そう思って書いていてもなかなか進まないときがある。しかしナントカ無理にでも万年筆を動かしていると（私はいまでもすべて手書きである）、「書いている自分」というもう一人の自分が現れてきて、私はそのもう一人の自分に委ねるという気持ちになる。小説家が「神の助け」とか「主人公が勝手に動き出す」と言うのと似たことかもしれない。「書いている自分」が、ふだんは意識に上っていない私の本音のようなものを書いてくれそうな気がしてくる。エッセイを書いていて、あー書けそうだなと思うときは、「書いている自分」に私が好意をもって、安心して委ねているときである。逆説的だが、こういうときによくも悪くも私の精神性のようなものがにじみ出るのだと思う。

私の書いたものについて、「わかりやすい」と言ってくださる人が何人かある。わかりやすいことは大事なことである。だからそう言ってくれる人は多分褒めてくれているのだと思う。私はとくにわかりやすく書こうと意図しているわけではない。わかりやすく書こうなどと意図することはかなり傲慢なことである。読者を見下していることになりかねない。私はただ自分の感じたこと、考えたことをできるだけ明確に表現したいと思っているだけである。それが読者にわかりやすいと受け取ってもらえるのならありがたい。

はじめのうちはそう思って、「わかりやすい」と言われるのを褒めことばだと思っていたのだが、「わかりやすい、〜」と何度も言われているうちに、「オレの取り柄はわかりやすいだけか」という気持ちになった。真にオリジナルなことがわかりやすいはずがない。いままで知られていなかったこと、わかっていなかったことを表現するのだから、いままで使われてきたことばでは表現しきれないであろう。だから新しいことばを作りだし、新しい表現を考え出さなくてはならない。フロイトの本をはじめて読んだ人は、わかりやすいとは思わなかったであろう。『夢解釈』（一九〇〇）はほんの少ししか売れなかったという。フロイトのオリジナリティに多くの人がついてゆけず、わからないと感じたのだろう。私の書くものに真のオリジナリティなどないのだから、わかりやすいのも仕方がないと思うようになった。

こう言うと、私のことを謙虚な人間だと思う人があるかもしれないが、それは誤解である。私は他人の書いたものを読んで、わかりやすいとは思わないことがよくある。もっとわかりやすく書けないのか！　といらいらすることもある。わかりやすくなっていないのは、その著者の言うことが真にオリジナルなものだからではない。著者自身が自分の書いていることがよくわかっていないからだ。何にせよわかりやすく他人《ひと》に伝えるには、そのテーマについての著者の知識や理解が伝えようとする相手よりも格段に広く深くないといけない。わかりやすくないのは、そうなっていないからだ。ときには、言語の難解で思想の貧困を覆い隠そうとしているなと思うことさえある。そういう連中に較べれば、私の書くものがわかりやすいのはそれはそれで大したものだと一方で思っているのだから、謙虚とはほど遠いのだ。

私の好きなＥＭフォースター（フォースター、一九八六）は「たいていの作家は、なかば印税のことを、なかば批評家のことを、そしてついでに世の中をよくしてやろうと考えて書いているもので」と言っているが、私は書き始めたころ、印税のことも批評家のことも考えていなかったし、まして世の中をよくしてやろうなどとはつゆ思いもしなかった。そもそも本を出版すると印税というものがもらえるのだということすらよく知らなかった。私がはじめて書いた本は『精神療法の第一歩』(成田、一九八一)という本だが、これは三〇万円で原稿買い取りであった。製薬会社が親会社の出版社だったので、はじめのうちその製薬会社が精神科の医師にその本を贈呈してくれていた。それもあって版を重ね、初版の出た一九年後には改訂版(成田、二〇〇〇)も出してもらった。わたしの書いたもののうちではもっともよく読まれた本だと思う。原稿買い取りでなく印税にしておいたらよかったと思ったこともあるが、一方で、まったく無名の私にポンと三〇万円払ってくれたのには(笠原嘉教授の推薦があったにせよ)感謝しなくてはならないだろう。この本は初版が出てから二六年後に別の出版社から新訂増補版(成田、二〇〇七)を出してもらった。これは印税制である。だから皆さん買ってくださいネ。

この本は私にとって思い出深い本である。自分の書いたものがはじめて本になってうれしかったし、またこの本を書いたおかげで何人かのすぐれた先輩とお知り合いになれたからである。そのお一人、故下坂幸三先生は「精神療法」誌にたいへん好意的な書評を書いてくださった。神田橋條治先生はこの本を読まれて、当時在籍しておられた九州大学精神科の研究会で話をするようにと私を招いてくださった。そのほかにも、この本を新人教育や勉強会のテキストに使っていると言ってくださった方が何人かある。人づき合いの乏しい私の世界をこの本が広げてくれたのである。

私はこの本がどのように批評されるかなど、書いているときにはまったく考えていなかった。というより、私の本の批評などしてくれる人がいるとは思っていなかった。だから好意的な評価を受けたとき意外であったがうれしくもあった。褒められるとうれしいものである。しかし、だからと言って、それ以後批評家のことを考えるようになったわけではない。何事にせよ行動したり、話したり、書いたりすれば、それを高く評価してくれる人もあれば、批判したり攻撃したりする人もある。それをいちいち気にしていては何もできなくなってしまう。第一この「ひとりごと」などとうてい書けないだろう。さらにこのごろ歳をとって遠からず死ぬと思うと、怖いものがなくなって一層好き勝手に書けるようになった。スケールが全然違うけれど、私の好きな勝海舟のことばを引用する。

「行蔵は我に存す。毀誉は他人の主張、我に与《あずか》らず、我に関せずと存候」

文献

Freud S（1900）「夢解釈」（『フロイト全集4　一九〇〇年―夢解釈1』

Forster EM（小野寺健編訳（一九九六）『フォースター評論集』岩波文庫）

成田善弘（一九八一）『精神療法の第一歩』診療新社、改訂版（二〇〇〇）

成田善弘（二〇〇七）『新訂増補　精神療法の第一歩』金剛出版

成田善弘（二〇一四ａ）『精神療法家の本棚』みすず書房

成田善弘（二〇一四ｂ）『精神療法家の仕事―面接と面接者』金剛出版

成田善弘（二〇一五）「書くことをめぐって」精神分析研究第五九巻三号、二六九－二七七頁

「わかる」とはどういうことか

昔読んだ小林秀雄の文章に「凡《およ》そものが解るという程不可思議な事実はない。解るという事には無数の段階があるのである。人生が退屈だとはボードレールもいうし、会社員も言うのである」（小林、一九二七）というのがある。

精神療法家として私は患者のことをわかりたいと思っている。しかし、わかるとはどういうことなのか、どうなったらわかったと言えるのかと考え始めると、答はなかなかわからない。

学会や事例検討会での議論を聞いていると、「見立て」ということがよく言われている。患者と面接を始めて数回したところで、治療者は「見立て」をする。つまりその時点で患者をどう理解したかを言葉にする。「見立て」のないところで治療を始めても何をどうしてよいかわからないから、まずしっかりした「見立て」をすることが大切だということになっている。しかもその「見立て」は心理学的用語を用いてしなければならないらしい。つまり治療者のもっている心理学的知識や依拠している理論に照らして、患者をどう理解したかを示すことが求められる。

私はこの「見立て」ということが苦手である。数回面接したぐらいで、その人がどういう人かなどなかなかわかるものではない。せいぜい「この人は怒りっぽい人だ」とか「理屈っぽい人だ」とか「人との関係がいつも長続きしない人だ」とか、「この人とこれから会ってゆくのが楽しみだ」とか「この人と会ってゆくのはたいへんだ。できればそうしたくない」とか、その程度の印象をもつだけのことが多い。しかもその次の面接では、「前回はそう思ったけれども、どうもそうではないらしい」とか、「前回は気づかなかったが、こんなところもある人だ」ということになる。こういうことがしょっちゅうある。こういうことが積み重なってくると、その人の人物像がだんだん複雑になり、どういう人か一言では言えなくなってしまう。つまりよくわからなくなる。だからいつも自信がない。しかし一方で、前よりその人のことがわかってきたという感じもたしかにする。これが「わかる」ということの不思議なところだ。

たとえば、私は五〇年以上一緒に暮らしている妻のことを、うちの家内はこういう人間ですと他人に説明することはなかなかむずかしい。ほとんど不可能である。しかし、五〇年前より彼女のことがわかっているという実感にもいつわりはない。どういうことだろうか。

もう一つ小林秀雄の文章を思い出した。

「私といふ人間を一番理解してゐるのは、母親だと私は信じてゐる。母親が一番私を愛してゐるからだ。愛してゐるから私の性格を分析してみる事が無用なのだ。私の行動が辿れない事を少しも悲しまない。悲しまないから決してあやまたない。私といふ子供は「あゝいふ奴だ」と思つてゐるのである。世にこれ程見事な理解といふものは考へられない」(小林、一九三一)

これを読むと、小林秀雄は幸福な人だったと思う。悲しまないからあやまたないというところは私にはちょっとわかりにくいが、分析しなくてもあやまたないというところは、たしかにそういうことはあるだろうと思う。われわれは患者に対してこういう心境になれるだろうか。

患者のことがどのくらいわかっているかを知るためには、近未来の患者の行動を予測してみるのがよい。たとえば、次の面接に患者は現れるだろうか、それともキャンセルするだろうかとか、現れるとしてもどういう状態で現れるかを予測してみる。今回はかなり深いところまで話したので、次回はさらに話が深まるか、あるいはむしろ表面的な話に終始するかなど。

予測するには何らかの根拠というか理由がいる。過去に似たような事があり、そのとき患者はこうしたから今回もおそらくこうするであろうと予測する。あるいは、この人はこういう性格の人だから今回はきっとこうするだろうと予測する。前者は帰納的予測であり、後者は演繹的予測である。

こういう予測の当ることが多くなれば、その患者のことがだんだんわかってきていると言ってよい。どういう人かわかっていなければ予測などできないからだ。精神療法家は患者の行動が辿れた方がよさそうである。

ただし治療が進むとこういう予測が当ることが増えるとは限らない。かえって当らなくなることもある。当らないのは、そのときの予測の根拠が間違っていたからかもしれない。こういうときはこうしてきた人だと思ったけれども、「こういうとき」というのは治療者が「こういうとき」と解釈したので、患者にとっては別の意味をもったときだったかもしれない。たとえば、私は自分の介入を患者が非難と受け取って怒りを感じたであろうと思い、過去に非難されて怒りを感じたときにはその場から引き下っていたから次回はキャンセルするだろうと考えたことがあった。しかし患者は、そのときはムッとしたけれども、家に帰って私の介入の意味を考え、自分を見直し気づきを得て、そのことを話しに来てくれた。つまり患者はもう以前の患者とは違っていたのである。こういう、神に感謝したくなるようなことが治療のなかで生じることがある。予測が当らないことで、今まで見えていなかった患者の一面が見えてきたり、患者の変化がわかったりする。

ちょっと余談だが、この頃「想定外」という言葉がマスメディアでよく出てくる。大きな自然災害が起きたとき、そういう事態を想定してあらかじめ対策をこうじておかなかったのはけしからんという議論である。もちろん災害があっても事故が起きぬよう対策を立てておくことは重要であり、そういう用意が不十分であったのなら、怠慢だとして責任を問われるのは仕方のないことである。しかし、人間は未来をすべて予測することはできない。千年万年に一度しか起きないような大災害を想定していなかったといって非難するのは、人間に人間以上であれと要求していることにならないか。すべてを想定することなど神にしかできないのだから。

大事なことは、想定外の事が起きたときにどう対処するかということである。そのときになしうる最善の対処をしなければならない。それをしていないならば、非難されても当然である。

大地震や大津波を想定することは困難だが、人間が将来どう振る舞うかを予測し想定することはそれと同じくらい、あるいはそれ以上に困難である。想定していなかったからといって、その治療者が無能であるとは限らない。患者が想定外の振る舞いをしたとき、その意味をどう理解し、どう評価し、どう対応するかが問われなければならない。

「わかる」に話を戻す。治療者が患者のことがわかったと思うときには、患者の体験と相似の体験を自分のなかに見出していることが多い。たとえば、患者が信頼していた上司に理不尽に怒られて腹が立ったと言ったとき、自分も頼りにしていた人に思ってもいない怒られ方をして腹が立ったことが思い浮かぶと、そのときの自分の気持ちが患者の気持ちと重なって、患者が腹を立てるのももっともだと実感し、「ああ、それは腹が立ったでしょうね」と心の底から言える。半分は自分に向かって、あのときは本当に腹が立ったと言っているのである。患者も自分もある年月生きてきているのだから、相似の体験をしていることは結構あるものだ。自分の心をよく耕しておくと、相似の体験がよく見つかるようになる。しかし、自分と患者は別の人間であり、そのときの状況もまったく同じではないから、体験がまったく同じというわけではない。そういう違いを一方で承知していることも大切である。

わからないこともよくあるが、わからないにもいろいろ程度がある。

また碁の話になるが、プロの高段者が感想戦のとき「ここでどう打つのかわからなかった」と言う。アマの高段者も、初心者もよく「わからない」と言う。同じように「わからない」と言っているが、そのわからなさには大きな違いがある。プロの高段者が「わからない」と言うとき、実は打つべき手が二、三はっきりと思い浮かんでいる。考えて浮かぶのではなく、直観で思い浮かぶ。思い浮かんだ手の一つについてその後どうなるかを何手か先まで（数十手に及ぶこともある）ヨンで、でき上った形をイメージする。もう一つの手についても同じような手続きを繰り返してでき上った形をイメージする。その両者（ときには三者、四者）を比較して、どちらがよいか形勢を判断する。ときには、思い浮かんだ手の行く末までが直観で浮かぶこともあるらしい。こういうのを「手が見える」という。しかし、たとえ「手が見えた」としても、そうなったときの形勢を判断するのがむずかしくてわからないと言うのである。つまり、プロの高段者の「わからない」は、だいぶわかった上でわからないところが見えてきたということである。アマの高段者（私もその一人）も「わからない」と言う。直観で浮かぶ手がないわけではないが、限られている。またその先の何手か進んだ形をありありと思い浮かべるところまでヨムのがむずかしい。だからどちらがよいか判断しにくい。初心者は直観で浮かぶ手がないから、そもそも考える材料がない。だから漠然と「どう打ったらいいかなー」と迷っているだけである。こういうのを「下手の考え休むに似たり」と言う。

精神療法家としての自分をふり返ってみると、いつまでたっても初心者に近いような気がする。

患者のことがわかってくると、わからないところが減ってくるかというと必ずしもそうで

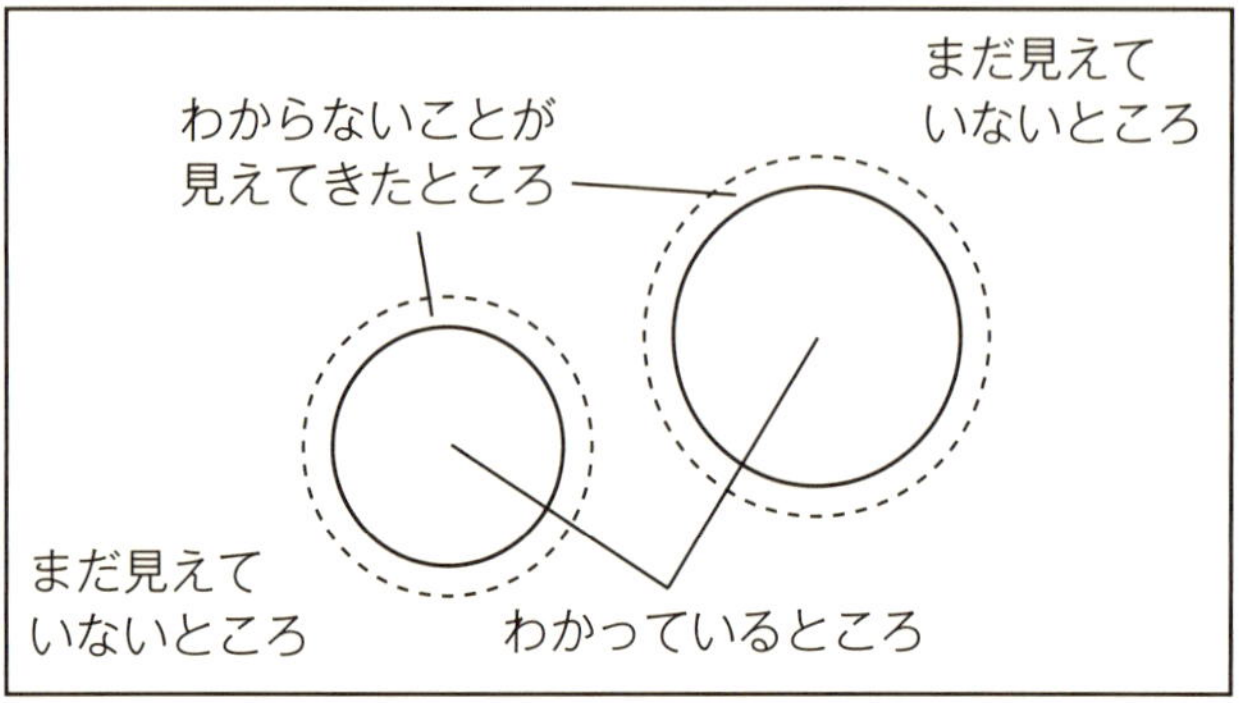

図1 「わかる」と「わからない」

はない。わかればわかるほどわからないところが見えてくるというのが実感である。こういうことを説明するのに、小さい円と大きい円を描いて説明してあるのをどこかで読んだことがある。どこに書いてあったか思い出せないので引用することができないが、自分なりの理解を図示（図一参照）してみると、円の内部がわかっていることで、その円をとりまくやや大きい点線の同心円の内側がわからないことである。その外はまだ見えていない。円が大きくなればわからないことも増えてくる。すぐれた科学者は皆そう感じているであろう。精神療法家が患者のことをわかろうとする場合にも、こういうことがあるような気がする。わかってくればくるほど、その人を類型化したり分類したりするのがむずかしくなる。

わからないことが次々と見えてくるから、治療者はそこをわかろうとして質問したり仮説を提示したりする。患者がそれに対してまた連想する。つまりコミュニケーションが閉じない。この、コミュニケーションが閉じないということが探索的精神療法では大事なことである。人間をわかるということには限界がない。だから精神分析の期間が長くなり、いつまでたっても終結に至らないことがあるのは当然のことである。

私は治療ということと分析ということとは別のことだと考えている。私が患者なら、なるべく早く終結にしたいと思うであろう。治療においては、人間を理解するのをある程度のところで割り切って、そこまででよいとしておくことも必要である。主訴が解消し適応が改善すればそこまででよい。精神分析的治療においていつ終結するかということが問題になるのはこういう事情があるからである。次章では終結について考えてみる。

文献

小林秀雄（一九二七）「測沿Ⅱ」『人生の鍛錬―小林秀雄の言葉』（二〇〇七）新潮社（手元の全集に見つけられなかったので、この本をあげておく）
小林秀雄（一九三一）「批評家失格Ⅱ」（『新訂　小林秀雄全集第一巻　様々なる意匠』（一九七八）新潮社）

終結について

精神療法の終結ということを考えてみる。自分の経験をふり返ってみると、毎週会い続けている患者ときちんと合意して終結したという例はそれほど多くはない。合意する場合も、毎週から隔週に、さらには月一回に、と頻度を減らした上で終結することが多い。一般再来では、患者が受診する間隔がしだいに長くなり、そのうちに来なくなるということもある。なかには突然来なくなる（中断する）人もある。別の医者のところに転医したのか、あるいは、あまり考えたくないことだが、自殺してしまったのか。それとも、私は中断と思っていても患者はもうこれでよいと思って来なくなったのか、私に未練心があって中断と思うのか。来なくなった人にこちらからその理由を問い合わせるということはしていないので、なぜ来なくなったのかは私にはわからない。

深くかかわった患者が終結のときに私に言ってくれた印象深い言葉がある。

ある中年の女性は終結のときに治療過程をふり返って「非常に大きな不思議な経験をしました。今はこれで十分です」と言った。この人には、もの心つかぬうちに出征して戦死した実父、母の再婚相手である養父、結婚した夫の父つまり義父の三人の父があった。義父もすでに亡くなっていた。義父とは、夫と結婚する前から知り合い、義父の仕事を手伝っていた。その縁でその人の息子と結婚したのだという。その義父も受診のすこし前に亡くなった。義父の死後、彼女は抑うつ的となり、自分も死んでしまいたいという思いが強くなって受診した。面接の中で彼女は、今までずっと「父」を探し求めてきたと言い、「父」への思いを繰り返し語った。そこには子としての思いだけでなく、女としての思いも重なっているように私は感じていた。

彼女は私に父親転移を向けたが、治療の終結が近くなったときにこう言った。「先生を好きだけれども、この世に生きている人としてではないみたい」と。彼女は治療者である私との別れに三人の父との別れを重ね合わせて語り、父への思いの中に女としての思いもあったことを仄《ほのめか》した。父を子としてだけでなく女として愛することはタブーを犯すことになる。そして、いずれ思いを断ち切らなければならないという予期を伴っている。この思いは治療者への思いにも重なるであろう。患者は最後の面接で「今まで父を探し求めていたが、もう探さなくてもよくなった。心の中に父が居るようになった」と言った。彼女は今までこの世で「父」を探し求めていた。その「父」は今はこの世には居ないが心の中に居る。この世に居るはずだった「父」がようやくあの世に送られた。成仏したと言ってよいだろうか。治療者も「この世に生きている人」ではなくなった。

今これを書いていて、「別れを承知で　はじめから　恋をしたのが切なくて……♪」というはやり唄の歌詞が浮かんだ。

治療者と患者という職業的役割関係は、いずれは終結する（別れる）ということを前提に始まるものである。その関係を成立させる理由となっていたことが解消すれば、つまり主訴が解消すれば関係は終る。職業的役割関係とは、関係の外にある目的があって、その目的を達成するための手段としての関係なのだ。だから両当事者は目的の達成つまり関係の終結を目指す。なるべく早く別れようと思って会い始め、なるべく早く別れられるよう協力する……はずである。

フロイトは「終わりのある分析と終わりのない分析」（Freud S, 1937）という論文で精神分析の終わりということについて論じている。その論文のはじめの方で、治療を続けるということ自体が患者を治療から脱け出せなくさせるという危険について注意を促し、期限を設定することによって治療が進展する場合のあることを、オオカミ男と思われる患者を例にあげて論じている。治療の期限を設定することが治療の進展を促すことは、私も何度も経験した。治療者との別れと過去の別れの体験が重ね合わせて語られ、喪の仕事が深いところで進展する。それまでなかなか改善しなかった主訴が目に見えて改善することもある。ただしフロイトは期限設定をいつも推奨するわけではない。そう設定するタイミングが重要だと言う。

フロイトの治療はいずれも比較的短期間で終っているが、その後時代を経るにつれ、精神分析の治療期間はしだいに長くなってきた。その理由の一つは、分析治療の過程で主訴が変化するからである。精神分析は主訴の変化（深化）を期待し促すのである。症状の解消を求めてきた患者が、心の深いところにあってそれまで意識されていなかった欲望に気づき、自己の対人関係のあり方や性格について悩むようになる。このように変化する主訴はなかなか解消しない。人の心の深いところまで探ってゆけば、これですべてを理解しすべてを解決しえたというところに到達できるものだろうか。そんなことは不可能ではないか。キリがないのではないか。そうだとすれば精神分析には終りがないことになる。フロイトは女性の「ペニス羨望」と男性の「受身的態度をとることへの抵抗」というところまで分析が及ぶと、この二つが生物学的基盤に基いているゆえに分析の仕事はここで終りになると言う。本当にそうだろうか。

精神分析の「精神」は分析の目的語である。つまり精神分析とは精神を分析することである。私が実践しているのは精神分析ではなく精神療法である。精神療法（精神治療）の「精神」は治療の目的語ではない。治療の手段が精神的（心理的）手段であることを示す。薬物療法や作業療法の薬物や作業が治療の手段を示すのと同様である。私の場合、精神的手段（方法）が精神分析の人間理解とそこから出てくる技法に多大な影響を受けているから、精神分析的精神療法（治療）ということになる。

治療の目標として、私は患者の主観的苦痛の軽減と現実適応の改善を目指している。患者の無意識の願望やパーソナリティを扱うのは、主観的苦痛の軽減と現実適応の改善にそれが必要と思われるかぎりにおいてである。必要でなければそこには踏み込まない。精神分析家から見れば不徹底と言われるかもしれないが、治療者にはこういう節度が必要だと私は思っている。

しかしそれでもなかなか治療が終結しにくいことがある。その理由の一つは、精神療法的関係においては職業的役割関係の中に生身の人間関係が入りこんでくるからである。生身の人間関係はその関係をもつこと自体が目的の関係である。たとえば夫婦であるということ自体が目的であって、何か他の目的達成のための手段ではない。だから両当事者はその関係をできるだけ早く終らせようと協力するわけではない。できるだけ早く離婚しようと思って結婚する人はいない。友人関係も互いに友人であるということ自体が目的の関係である。何か他の目的のために夫婦になる、あるいは友人になるということも現実にはあるであろうが、それは例外的なことである。

精神療法的関係は職業的役割関係として始まるが、そこに生身の関係が入りこんできて、関係自体が目的であるかのごとくなる。治療者に会うのは主訴の解消のための手段であったのが、いつのまにか治療者に会うこと自体が目的となる。そこでは職業的役割関係を越えた情緒が動く。患者は治療者を母とも父とも恋人とも見なして、そういう治療者に会いにくる。転移とはそういうものだろう。治療者も患者に対して専門家としての役割を越えたさまざまな感情を抱く。まれには治療者が患者を母や父や恋人と見なすこともある。そうなると生身の関係に近くなって、終結が遠のくことになる。

精神療法が終結するときには転移が解消していることが期待される。患者は転移対象との別れを経験し（母だと思っていた治療者が母ではなかったことに気づき）、同時に現実の治療者とも別れることになる。そして、それまでの自分との別れもある。治療を受け始めたころの自分、治療の中でさまざまな体験をしてきた自分、そういう自分と訣別して、これからは今の自分として生きてゆくことになる。そこには過去の自分がもっていた欲望の断念ということも含まれる。精神療法の終結とは必ずしも喜びに満ちたものではない。ある種の喪失体験であり、悲哀を伴う。そしてこの先への不安も伴う。患者がこういう喪失、悲哀、不安があらわにならないように、はっきりした終結の形をとるのを避け、しだいにすこしずつ関係から退くということがあるかもしれない。私の患者の多くもそういう形で私から去っていった。それはそれでよい。

オブホルツァー（Obholzer K, 1980）によるインタヴューを読むと、フロイトの患者のオオカミ男はフロイトの治療終結後六〇年たっても、自分が「フロイトのもっとも有名な症例」

だというアイデンティティから脱け出すことはなかった。このことは「転移が解消していない」として批判されている。彼は戦争で身分も財産も一切の家族関係も失い、さらに妻テレーゼも自殺した。そして異国でひとり暮らしてきた。このあまりにも大きな喪失にもかかわらず、保険の仕事をして三〇年間自活し、九二歳までの長命を保った。それを支えてきたのが彼の心の中に居続けたフロイトだった。彼の心の中のフロイトはすでにあの世に送られたフロイトだったのだろう。だから安心して支えとすることができた。これを転移が解消していないと批判（非難）することは誰にもできないのではないかと私は思う。

私は治療者として多くの患者と別れてきた。治療者・患者関係とははじめから別れることが前提の関係であったのだとあらためて思う。私が別れてきたのは患者だけではない。師や肉親や友人やそのほか多くの人たちと別れてきた。彼らは今私の心の中に居る。

私はもうすぐ七七歳になる。この年齢になると死が目前にありありと見えてくる。私が今もっているさまざまな関係も私の死によって終結を迎える。死んでしまえば心の中に居る人たちとも別れることになる。そして私自身とも別れることになる。これほどたしかなことはない。人生のすべての関係は、実は、はじめから別れを承知で結ぶ関係なのだ。もっと早くこのことに気づいていれば、かかわってきた人たちをもっと大切にし、自分ももっと大切にし、互いにいつくしみ合って生きることができたかもしれないが、今ごろ気づいたのでは手遅れである。

文　献

Freud S（1937）「終わりのある分析と終わりのない分析」（藤山直樹編・監訳（二〇一四）『フロイト技法論集』岩崎学術出版社）

Obholzer K（1980）Gespräche mit dem Wolfsmann : Eine Psychoanalyse und die Folgen.（馬場謙一・高砂美樹訳（二〇〇一）『W氏との対話―フロイトの一患者の生涯』みすず書房）

ひとりごと

「ひとりごと」を『広辞苑』（第七版）で引くと、「相手なしに、ひとりでものを言うこと。また、そのことば。独語」とある。この定義に従えば、この連載に「ひとりごと」というタイトルをつけたのは間違いということになる。雑誌に書くからには、読者に読んでもらうことを期待しているからである。

私は子どもの頃からよくひとりごとを言っていた。何を言っていたかはよく覚えていないが、多分いろいろ空想の物語を作り、それをひとりつぶやいていたのだと思う。精神科に入局してからも、医局の廊下を歩きながらひとりでぶつぶつ言っていたらしく、同期に入局した友人が、助教授から「成田は大丈夫か?」と訊かれたと話してくれたことがある。統合失調症の独語ではないかと心配してくださったのだろう。

私はどういうときにひとりごとを言うのだろうか。多分何か不本意な状況に置かれたとき、苦しいと感じているとき、欲求不満や怒りを感じているときに、それを誰かに訴えることができなくてついひとりごとを言うらしい。子どもの頃にひとりごとが多かったのも、子ども心につらいことが多かったのだろう。医局に入ってからも非主流派に属していたこともあって、不本意に思うことが多かった。

実は『広辞苑』には「ひとりごと」という独立した項目はない。「ひとりごと」は「ひとり」という項目の中のいくつかのことばの中の一つである。「ひとり」は「一人・独り」とあり、「①一個の人、いちにん。②自分だけで、仲間・相手がいないさま。また、そのものだけ。そのことだけ。③独身。④人手を借りずにするさま。また、自然になるさま。ひとりでに。⑤（打消しの話を伴って、副詞的に）ただ単に。」とある。

①、②、③は孤独ということにつながるような気がする。④に「自然になるさま。ひとりでに」とあるのは、意図せずにという意味も含まれるであろう。つまりひとりごとは人が孤独であるときに、意図せずに口に出るものなのだろう。相手や仲間がいないので、自分に向かって語ることになる。他人に向かって言うわけではないから、他人がどう受けとるかを考慮する必要がない。批判されたり非難されたりする恐れがない。何を言おうと自由である。だから心の中にあることが自然に、ひとりでに口に出ることになる。

ただ、ひとりごとを言うことは、頭の中で思ったり考えたりすることとまったく同じではない。自分で発語しつつ同時に自分がそれを聞いている。つまり表現と受容が同時併行的に、一体的に行われる。ひとりごとを聞く自分は、自分の内から出てきたことばを外から、ある程度は客観的に聞くことになる。そして自分が何を思い、何を考えているかをあらためて知る。それは自己の確認であり、ときには自己の発見である。

私は精神療法の中で患者に質問するときに、ひとりごとのように言うことがある。患者の語るところから私が不思議に思ったことを、「なぜそうなのだろう」とひとりごとのように言う。私があなたに質問するという意識でなく、その問いが自然に私の中に生じてきているという気持ちで言う。患者に侵入しようとしない。侵入はしないが、患者に内在し、患者の内側から発言しようと努める。患者がそれを、治療者という自分とは別の人物から訊かれたと感じるのではなく、自問のように、自分の心の深みから生じる問いのように聞いてくれるのが理想である。その問いは治療者の中に生じた問いなのだが、それが同時に患者の問いになる。こういうのを主客合一と言ってよいだろうか。こういうとき、主語を明示しなくてよい日本語はたいへん便利で、ごく自然に私とあなたに、あるいは私とあなたの間に生じていることをことばにすることができる。

ある国際学会で土居健郎先生と三日間御一緒する機会があったときに、「日本語は主語を明示しなくてよいので治療者と患者に共通する気持ちを表現するのに都合がよいが、英語ではいちいち主語を明示しなければならないから、英語圏の治療者は不自由するのではないか」とうかがってみたことがある。土居先生はまじめに聞いてくださって、英語でも we や it を主語にして表現できると言われた。たしかにそうかもしれないが、やはり日本語の方が主客合一を表現しやすいように思う。

ちょっと次元が違うかもしれないが、足にケガをして入院している患者を回診するアメリカ人の主治医が〝How is our leg?〟（足の具合はどう?）と患者に訊くということをどこかで読んだことがある。その足は患者にとって大切な足だが、主治医にとっても大切な足だから、our leg（私たちの足）という表現になるのだろう。アメリカ人も努力はしているのだ。

以前に書いた（成田、二〇一一）ことだが、私はかつてひとりごとを言うときに〈女ことば〉で言おうと練習していたことがある。こういうことを始めたのは、親類の夫婦が何組か

表１〈女ことば〉と〈男ことば〉の特徴（成田、2011）

女ことば	具体的　私的　情緒的　受動的　間接的　やわらかい
男ことば	抽象的　一般的　知的　能動的　直接的　かたい

私の家に集まったときに、夫たち数人が一室に、妻たち数人が別の一室に集まって話しているのを聞いた印象からである。妻たちのグループは話がはずんでいた。たわいのない話題であったが、それぞれが自分の気持ちを自由に話していた。夫たちのグループは話がはずまず、それぞれが自分の気持ちを話すというより一般論、抽象論になりがちのようだった。この観察から私は〈女ことば〉の方が気持ちや感情を自由に表出するのに適しているのではと考えて、ときどき〈女ことば〉でひとりごとを言ってみることにした。〈女ことば〉と〈男ことば〉はこの頃かなり近づいてきているようだが、やはり私たちのイメージの中でははっきり区別されている。〈女ことば〉と〈男ことば〉の特徴を私なりに整理したものを表一に示す。この表は中村桃子の著書『〈性〉と日本語―ことばがつくる男と女』（中村、二〇〇七）という本から示唆を得て、作成したものである。〈女ことば〉を使うことによって、人は自分をより私的《パーソナル》で、情緒的で、受容的で、可塑性のある

人物として造形できるのではなかろうか。接客業にはこのような人物が期待されるので、女性が多く就くのであろう。精神療法家も例外ではなさそうである。

〈女ことば〉を使う、あるいは少なくとも〈女ことば〉で考える方が、表現がやわらかく間接的になるので、その分かえって気持ちを表現しやすくなるような気がする。また、客観的認識者としてよりも主観的体験者として発言することが多くなり、よりパーソナルで情緒的人物が造形されるような気がするし、「私」と「あなた」という対立ではなく「私たち」という気分が醸成されるような気もする。

〈女ことば〉は〈男ことば〉に比べて「内語」（心の内で思ったり考えたりする際に用いられることばで、音声や文字にならない）に近いのではないか。宇津木愛子（二〇〇五）の紹介によると、ロシアの心理学者ヴィゴツキーは、内語は単に「外語」（音声や文字を媒介として表出される言語）マイナス音声ではなく、「内語」特有の構造をもつ、すなわち圧縮され単純化された述語構造をもつとして、それを述語中心構造と呼び、主語のない形式をとると言っている。さらに宇津木は、日本語の構造がヴィゴツキーのいう「内語」と構造が似ていると言う。

日本語のうちでも〈女ことば〉の方がより「内語」に似ているのではなかろうか。ひとりごとは音声を伴うとはいえ、半分「内語」と言ってよい。だから私がひとりごとを言うのに〈女ことば〉を採用したのは自然なことだったかもしれない。

ここまでは以前に「精神療法と日本語」（成田、二〇一一）という文章を書いたときに考えていたことだが、いまこれを書くにあたって中村桃子の本をもう一度読み返してみるとこういうことが書いてある。

それは、〈男〉と〈女〉というジェンダー自体が非対称な支配関係にあるからである。ジェンダーの中では、〈男〉が「無徴《むちょう》・標準・中心」であり、〈女〉は「有徴《ゆうちょう》・例外・周縁」に位置づけられている。〈男〉が人間の基準であり、〈女〉はその亜種である。このような違いは、さまざまな言語表現にも現われている。「社長・作家・議員・社員」ということばを聞くと男性を思い浮かべ、これらの職業についている人が女性の場合は、「女社長・女流作家・女性議員・女子社員」と特別な注意書きをつけるのは、〈男〉が人間の基準だからなのである。そのため、私たちは無生物を擬人化する時にも、まず男性だと想定してしまう。私の好きな童謡の一つ「どんぐりころころ」も、「ぼっちゃん　一緒に　あそびましょう」と、どんぐりが男子だと想定している。ジェンダー秩序の中では、「無徴・標準・中心」である〈人間（男）〉の中に、「有徴・例外・周縁」である〈女〉が含まれているという構図になっているのである。

〈女ことば〉でひとりごとを言うときは、この「有徴・例外・周縁」の立場に身を置くことになる。患者とりわけ精神科の患者となる人は、健常者と比べて「有徴・例外・周縁」の存在と見なされているであろう。精神療法家としてこういう立場に身を置いてみることは必要なことではなかろうか。

実は先程の質問のあとに土居先生にもう一つお話ししたことがある。「〈女ことば〉の方が感情が表現しやすいようなので、この頃〈女ことば〉でひとりごとを言う練習をしています」と言ったのだ。こういうことを若い男性治療者に勧めたことがあるのだが、彼らは笑ってとり合わない。私のことを変なことを言う人だと思うらしい。彼らはまだ自己の男性性の確立に忙しいのだろう。土居先生なら何か肯定的なコメントを言ってくださるのではないかと期待したのだが、「気持ちわるい」の一言で片付けられてしまった。残念である。残念でしかたがなかったので、あとから心の中で反撃を考えた。

土居先生は自身が男性であることを自身に証明することを必要としている人なのだ。だから〈女ことば〉を用いることは先生の男性アイデンティティを揺るがすことになるのだ。私は自分が男性であることをいまさら自分に証明する必要など感じていないから、安心して〈女ことば〉を用いることができるのだと。

こういう反撃を心の中で、半分はひとりごとでぶつぶつ言いながら考えたのだが、遠慮深い性格がわざわいして直接先生に言うことができなかった。先生が亡くなられて、これを言う機会は永久に失われた。無念である。

ここから先は、いまこれを書いていて私が空想することで、現実の土居先生とは関係がないことだが、もし女性治療者が「この頃〈男ことば〉でひとりごとを言う練習をしています」と言ったら、おそらく先生は「気持ちわるい」とは言われないであろう。「そうすると何かよいことがあるの？」と訊かれるのではないか。私の空想の中の土居先生もやはり〈女〉が「有徴・例外・周縁」と考えていらっしゃるらしい。

いま思い出したが、私は性同一性障害の人に何人か面接したことがある。FTMTS（female to male transsexual：生物学的に女性であるが男性に性転換することを望む人）と会っていると、健気な人だと好感をもつことが多かったが、MTFTS（male to female transsexual：生物学的に男性であるが女性に性転換することを望む人）にはなんとなく違和感を覚え、FTMTSの人に対するような好感をもつことがむずかしかった。私も男性中心の考えから逃れられないでいるようだ。

連想がとりとめなく広がってゆきそうなのでここで筆を擱く。二年間一二回にわたってこの「ひとりごと」を読んでくださった方（もしそういう方があればだが）に感謝する。そういう方のあることを信じていたからこそ、本来自分だけが聞くはずのひとりごとをここに書くことができた。どうもありがとう。

文　献

中村桃子（二〇〇七）『〈性〉と日本語―ことばがつくる女と男』日本放送出版協会

成田善弘（二〇一一）「第七章　精神療法と日本語」『精神療法を学ぶ』中山書店

新村出編（二〇一八）『広辞苑　第七版』岩波書店

宇津木愛子（二〇〇五）『日本語の中の「私」』創元社

傾聴するとはどういうことか

「坊っちゃん」（漱石）の語りを聴く

はじめに

精神療法の基本についてお話しすべき立場だと思いますが、基本についてお話しするのは実はたいへんむずかしいのです。理論や技法についてお話しする方がむしろ容易です。基本となるのは理論や技法に先立ってある態度とか姿勢のようなものでしょうが、そういうものは実はなかなかことばにしにくい。それが身についている人にとってはごくあたりまえのことで、普段は意識にのぼっていない。それを言葉にしようとすると、あたりまえのことなのでいまさら言うのもどうかと思えたり、そんなことを言うのは気恥しいと思えたりするものです。

精神療法の基本について私は次のように考えています。

人間のこころという大きな不思議なものに向かいあっているという畏敬の念と、それに対してひとりの人間としてごまかしなく誠実に向き合うという姿勢。その姿勢は具体的には傾聴、共感、支持、治療者の自己主張の抑制、患者との適切な距離といったことに現れる。

私が思う基本はこれで尽きるのですが、皆さんこれを聞いたからと言って、じゃあどうすればよいのかと思われるでしょう。そこでここでは、傾聴ということについてもうすこしお話しします。傾聴とは単なる技法ではなくて、治療者のあり方そのものなのです。そしておそらくどのような理論的立場に立つにせよ大切なことと思うからです。

聴くことのむずかしさ

何人かの治療者を転々としたあと私のところにやってきた患者に今までの面接について訊ねると、多くの患者が「話を聴いてもらえなかった」と言います。患者の話を聴かない、あるいは聴けない治療者が多いのでしょう。とりわけ、多忙な医師にはまず時間がありません。その上、医師は患者の話したいことを聴くのではなく、医師の知りたいことを聴きます。そのように聴く訓練を受けているのです。患者を客観的に観察し、評価し、診断分類のどこに位置づけるかを決めようとして聴く。つまり、医師の側の常識や医学的知識に照らして患者を判断するのです。裁断すると言ってもよい。

専門家としてこういう聴き方も必要ですが、これだけでは患者の主観的苦悩にふれることはできません。患者は話を聴いてもらえないと感じるでしょう。

またある患者は「先生はただ聴いているだけだった。自分が話すだけで、何も変わらなかった」と言います。たしかに話は聴いてもらったけれども、とくに新しい気づきや発見が生じることはなかったのです。治療者は患者の話を患者の語るままに、そのレベルで聴くだけで、話の底を流れている患者自身も無自覚な思いや感情を聴きとることはしなかったのです。こういう場合患者は「話を聴いてもらったけれども、本当に言いたいことは言えなかった」と感じます。

「本当に言いたいこと」は、実は、当人にも言う前からわかっているわけではないのです。治療者に向かって話しているうちに、それまで考えていなかったこと、思いもしなかったことを話している自分に気づく。意識の制御を越えたものがあらわれてくる。それは患者自身にとっても新しい発見なのです。あぁ自分はこんなことを思っていたのかと驚きを伴うこともあります。そして同時に、実は以前から心の奥にあったことだ、以前からずっとそうだったのだ、これこそ本当に言いたかったことなのだと気づくのです。ときには、なにかなつかしい思いがすることもあるのです。洞察とはそういうものです。

本当に言いたいことは、聴く用意のある人の前で話し終るまでは、当人にもはっきりとはわからぬものなのです。ですから、人が本当に言いたいことが言えるようになるには、語る人と聴く人との長い間の協力が必要なのです。そしてその協力の過程で、語る人も聴く人もそれぞれの心の深いところまで降りてゆくことになるのです。

自分を語ることのむずかしさ

ここで本来なら、自分の治療した患者とのかかわりを例としてとり上げるべきでしょうが、私は数年前に病を得て現役の医師としての仕事からは退いたので、最近の事例がありません。それでなくても、私はここ十数年前から患者のことを語るのはもうやめようと思うようになりました。なんだか今まで患者のことを話したり書いたりしすぎたような気がするのです。それにこの頃は事例を発表するのに患者の同意をとることが求められますが、同意をとることが、患者にも治療者にも正直であることをむずかしくさせるように思います。ですからこ十数年私はもっぱら自分のことを語ってきました。この頃の私の書いたものを読んでくださった方はそのことにお気づきだと思います。

そうするようになって思うことは、自分を語ることは実にむずかしいということです。自慢話になったり、露出症的になったり、自己愛があらわになったりしないように、また妙に卑下したり、謙虚ぶったりしないように語ること、そして他人に見せたい自分ではなく、正直に本当の自分について語ることは実にむずかしいことです。自分について語ると、自分の喜びや悲しみ、怒りや後悔、ときには心の傷があらわになります。それらをできるだけ正直に語ろうと思うのですが、何もかも正直に語ることなどなかなかできることではありません。だから表現しつつ隠し、隠しつつ表現することになりますが、そこのところの計算がうまくゆかず、結局意図した以上のものがあらわになってしまいます。語るまでは自分でも意識していなかったことがあらわになるのです。私はときどき、私の書いたものを読んでくださった方から「先生は~と言っておられますが」と言われて愕然とすることがあります。言ったことを覚えていないこともありますし、覚えていても、よくそんなことが言えたなとか、そんなことを言ってしまったのかと思うことがあります。

結局、語るということは何を語っても自分があらわになることだと思うと、どういう自分をあらわにしようかと考えるようになり、そうこうするうちに、こういう自分だと人に見せたい自分を語っているのではという疑念が生じます。疑念というより、人に見せたい自分を語っている自分に気づいてしまうのです。そうなると、それは本当の自分ではない、本当に本当のことを語っているのではないということになります。

自分のことを正直に語ることはかくもむずかしいことなのです。私たちは患者と面接するとき、患者にひどくむずかしいことを要請しているということを知っておかねばならないでしょう。

精神分析の創始者フロイト（Freud S, 1913）は、自由連想をするよう患者に求めるときにこう言っています。すこし長くなりますが引用します。

始める前にもうひとつお伝えすることがあります。私にお話いただく際に普通の会話と

は違ったふうにしていただきたい点がひとつあるのです。普通であれば、あなたの発言に一貫している話の筋道を維持しようとなさるのは当然で、沸き起こってくる邪魔な考えや脇道にそれた話題をはねのけて、要点からあまり遠くにさまよい出ないようになさっているることでしょう。けれども、ここではそれとは違ったように進めなければなりません。お気づきになると思いますが、話をしているうちに批判や反論の気持ちによって脇に押しやってしまいたくなるようないろいろな考えが浮かんできます。すると、こんなことやあんなことはここで話すにはふさわしくないとか、取るに足りないとか、ナンセンスだとかということで、ここで話す必要などはない、とこころのなかで言いたくなるかもしれませんん。しかしながら、けっしてこうした批判に屈してはいけません。その批判にもかかわらず、それを言わなければなりません。むしろ、言うことに嫌気を感じるからこそ、あなたはそれを言わねばならないのです。私がこういった指図をする理由をあなたは後になって気づき、よくおわかりになるでしょう。そして、あなたが従わなければならないのは本当にこれだけなのです。頭に浮かんだことは何でもお話しください。たとえば、あなたが列車の窓際に座る旅行者だとして、車両の内部の人に窓から見る移り変わる景色を描写して聞かせるようにしてみてください。最後に、絶対的に正直であるというお約束を忘れないでください。何やかやの理由でそう話すのが不快だからといって、何かを省いてしまわないでください。

これはフロイトの「治療の開始について」という論文の一節です。フロイトは実にていねいに説明していますね。ただこれはなかなかむずかしい要請です。「頭に浮かんだことは何でも」「絶対的に正直」に話すことは、私にとっては不可能なことです。おそらく誰にとってもなかなかできないことでしょう。ですから精神分析ではこういうことができなくなるところ、沈黙になったり、不自然に話題を変えたり、ことばで表現するのではなく行動になったりするところに着目して、つまり抵抗とか行動化に着目して、その背後にある気持ちに迫ろうとするのです。

「坊っちゃん」の語りを聴く

ここで漱石の『坊っちゃん』をとり上げて、患者の話をどう聴くかにつなげて考えてみます。もちろん「坊っちゃん」は患者ではありませんが（患者になっても不思議のない人物だと思いますが）、『坊っちゃん』という小説は、坊っちゃんが自身の生活史を読者に向かって、つまり小説を読んでいる私に向かって語ったものなのです。しかも頭に浮かんだことは何でも正直に語っているように聴こえます。

ほとんどの方は『坊っちゃん』をお読みになっているでしょうから、御自分が読まれたときのことを思い出しながらお聴きください。

実は別のところではじめてこの話をしたときにこう言ったのですが、どうもこれは私の思い込みのようです。この頃の若い人は『坊っちゃん』など読まないようです。講演の後、ある若い人から「『坊っちゃん』を読んでいないので読んでみようと思うのですが、昔の人の本だから今は本屋さんに売っていないでしょう」と言われてびっくりしました。漱石全集は今でももちろん売られていますし、全集を求めなくても、漱石の作品の多くは文庫本で読むことができます。もし読んでいない方があれば、この後ぜひお読みになってください。以下、『坊っちゃん』の引用は新かなづかいを採用している新潮文庫版に従います。

坊っちゃんはまず子どもの頃のことから語り始めます。

「親譲《おやゆず》りの無鉄砲《むてっぽう》で小供の時から損ばかりしている」と言い、友だちにそそのかされて二階から飛び降りて腰を抜かしたとか、西洋性のナイフの切れることを証明しようとして親指の甲をはすに切り込んで死ぬまで消えぬ創痕がついたとか、いたずらを大分やったと言います。それから父、母、兄について、つまり家族歴について語り、さらに坊っちゃんにとって家族以上に大きな存在であった下女の清について語ります。小説のはじめの方で母は死に、ついで父が死にます。坊っちゃんは、父の死後兄のもってきた遺産の分配金を学資にして物理学校を卒業し、四国の中学校に数学教師として赴任して、同じ数学教師の山嵐と知り合います。そこで生徒との間に悶着を起こしたり、卑劣な振る舞いをする教頭の赤シャツや、その赤シャツにおべっかばかりつかっている野だに生卵をぶつけたり殴ったりしたあげく、教師を辞職し東京に帰ります。そして清と暮らし始めますが、その清もじきに死んでしまい、小説は終わります。

こうやって要約してみると、歴史を揺がすような大きな事件が起こったわけでもなく、大恋愛があったわけでもない。坊っちゃんが人格的に成長したようにも見えません。この小説は坊っちゃんという人物のある時期までの身上話つまり生活史を語ったものなのです。

余談ですが、西洋の昔話やいわゆる成長小説《ビルドゥングス・ロマン》では、ほとんどの場合、大きな事件があり、主人公の闘いや恋愛があり、その中で主人公は変化し成長します。これに対して漱石の小説の主人公は『坊っちゃん』の坊っちゃんも、『三四郎』の三四郎も、『それから』の代助も、『門』の宗助も、『道草』の健三もとくに成長するわけではありません。『こころ』の先生にいたってははじめから終わりまで抑うつ的のようで、ついには自殺してしまいます。主人公は小説のはじめの方も終りの方もあまり変わらない人間なのです。漱石は、人間はめったに変わるものではないと言っているようです。

話を戻します。この坊っちゃんの語りをどう聴くかを通して、患者の語りをどう聴くかを考えてみます。

中学生の私の聴き方

若い頃読んだ小説を年を経てから読むと印象が変わるとはよく言われることですが、私にとって『坊っちゃん』ほど印象の変わった本はありません。

中学生のときに読んだときには、坊っちゃんは快男児だと思った。東京を離れて遠いところの中学校に赴任した坊っちゃんが、校長の狸に、一校の師表となれの、学問以外に個人の徳化を及ぼさなくては教育者になれないのなどと注文をつけられて、「到底《とうてい》あなたの仰《おっし》ゃる通りにゃ、出来ません、この辞令は返します」と言うところ、同僚のうらなりの転出に伴って坊っちゃんに昇給の話があったときに、赤シャツの悪だくみでうらなりがやめさせられることに腹を立てて昇給を断るところなどに見られる坊っちゃんの真正直で金銭に恬淡とした性格が気に入りました。あげく卑劣な赤シャツや野だに、山嵐といっしょに生卵をぶつけたり殴ったりしてさっさと学校を辞めるところなど、胸がすく思いがしました。生一本で無鉄砲で正直者で実は情にもろい坊っちゃんが好きでした。ただし当時は、こういう性格分析をしていたわけではありませんが。

その当時の私は、坊っちゃんの語ることをそのことばどおりに受けとり、そのままついていっていたのです。坊っちゃんの主観的体験をそのまま受け入れ、坊っちゃんが自分はこういう人間だと語っているとおりに、坊っちゃんが自分を提示しているとおりに、坊っちゃんを受け入れていたと言えましょう。

これは私たち臨床家が患者の話を聴くときにまず行おうとすることです。批判せずに、ひたすら耳を傾ける。そして、あなたはそういう人なのですねと受け入れる。患者の話に触発されて浮かんでくる私の思考や感情あるいは疑問や批判はひとまず脇に置いて、ひたすら聴くのです。そういうときは、自分が患者に身を重ねているのです。

あとから考えると、当時の私は坊っちゃんに同一化《アイデンティファイ》していたのだと思います。中学生の頃の私は周囲となめらかな関係をもつことができず、鬱屈した気分でした。学校の教師も、一、二の例外はありましたが、あまり好きではなかった。坊っちゃんと同じように、教師という職業には偽善が伴うような気がしていました。そういう反発を行動に移すことはなく、表面よい生徒になっていたのですが、そういう自分が嫌でした。当時の私は教師だけでなく父にも反発していました。大げさに言えば世界に対して不機嫌だったのですが、だからと言ってどうしたらいいかわからなかったのです。坊っちゃんは私と同じように感じているらしいが、私と違って世間への反発をどんどん行動にあらわしていく。痛快だと思った。こんなふうに生きられたらいいなと思ったのです。そんな坊っちゃんを清が無条件に愛しているところが、坊っちゃんにも味方がいるんだと思ってうれしかった。私も世間に反発しながら、無条件に愛してくれる人を求めていたのだと思います。

私は坊っちゃんに同一化していた、坊っちゃんにあこがれていたと言ってよいかもしれません。しかし当時は、いま述べたように内省していたわけではなく、同一化していることは意識に上っていませんでした。

治療者が患者の話をただひたすら聴いているときには、こういう無意識的な同一化が働いているものです。初心の頃に一所懸命にみた患者に治療者が同一化していることはよくあります。同一化が共感を深めるのです。その意味で患者への同一化はけっして悪いことではありません。ただし専門家としては、自分が同一化していることを知っておくことが必要なのですが。

こういうふうに聴かれた患者は、話の腰を折られることなく、批判されることなく聴いてもらえたと感じます。しかしそれだけでは患者は変化しないでしょう。心理的資質に富んだ患者なら、ひたすら聴かれているうちに少しずつ今まで意識していなかったことに気づき、話が深まるかもしれません。しかし、いつもそういうことを期待するわけにはゆかない。そのうちに患者は「先生はただ聴いているだけで、何もしてくれない」と感じるようになります。

精神科医になった私の聴き方

精神科医になってまだ経験の浅いときに読んだときには、坊っちゃんを快男児だとは思いませんでした。坊っちゃんは見ようによっては甘えん坊で、ひとりよがりで、思い込みが激しい。短気で喧嘩っ早く、人と円滑な関係を築くことが困難で、仕事も長続きしない。清から三円借りているのに、清は自分の「片破れ《かたわ》」だからと返そうとしないのもなんだか虫のいい考えのような気がする。一途な正義感だと思っていたけれど、実は世の中に甘えているだけだ。世の中で生きていくにはときには身を屈しなければならないときもあるもので、それを知ることがおとなになるということでしょう。坊っちゃんはおとなになれない人なのだ。本で読むにはよいが、これが友人や息子だったらさぞ迷惑するだろう。ＤＳＭのパーソナリティ・ディスオーダーのどの類型に入るかは言いにくいけれども、かなり偏ったパーソナリティのように思えます。

その上、どうも幻聴があるようです。たとえば学校で宿直をしているとき、

　清のことを考えながらのつそつしていると、突然おれの頭の上で、数で云ったら三四十人もあろうか、二階が落っこちる程どん、どん、と拍子を取って床板《ゆかいた》を踏みならす音がした。すると足音に比例した大きな鬨《とき》の声が起った。おれは何事が持ち上ったのかと驚いて

飛び起きた。飛び起きる途端《とたん》に、ははあさっきの意趣《いしゅ》返しに生徒があばれるのだなと気がついた。（中略）どうするか見ると、寐巻のまま宿直部屋を飛び出して、階子段《はしごだん》と三股半《みまたはん》に二階まで躍《おど》り上がった。すると不思議な事に、今まで頭の上で、慥《たしか》にどたばた暴れていたのが、急に静まり返って、人声どころか足音もしなくなった。これは妙だ。

とあるところなど、幻聴体験ではないかと疑われます。ただし、坊っちゃんはもちろん幻聴とは思っていません。「これは妙だ」と思うだけです。漱石も坊っちゃんの幻聴だと言っているわけではありません。

さらに、自分の行動が逐一生徒に知られてしまうと感じ、「何だか生徒全体がおれ一人を探偵しているように思われる」というところなど、坊っちゃんの生徒への認識には妄想的なところがあります。そして、その際には赤シャツがいて生徒を煽動して嫌がらせをしていると考えるなど、妄想と言ってよいでしょう。

余談ですが、漱石の小説には精神病的体験をもつ人物がよく出てきます。『吾輩は猫である』

の苦沙弥先生の被害妄想、『行人』の一郎の嫉妬妄想、『こころ』の先生の被害妄想（財産をだましとられたというのが被害妄想ではないかという土居健郎（土居、一九六九）の指摘がある）など。漱石自身も一時期妄想的だったことがあるようなので、その体験が小説にも反映しているのでしょうか。

坊っちゃんの話を精神科医としての知識に照らして聴くと、坊っちゃんは人間関係が適切にもてない、衝動コントロールもできない、かなり未熟なパーソナリティの持主で、おまけに幻聴や妄想があるらしいということになります。坊っちゃんの語ることをそのまま受け取るのではなく、坊っちゃんの言っていることを対象世界との関係で理解すると、つまり坊っちゃんは〜と思っているが現実は〜と客観化して聴くとこうなります。

こういう聴き方をすると、私たちは坊っちゃんの主観的思いからは遠ざかります。坊っちゃんを批判し裁断することになるのです。自分の心に湧く感情にはふれないですむので、心のの負担を感じることはありません。こういう立場で聴くことは頭の仕事であって、心の仕事ではないのです。

しかし臨床家としてはこの第二の聴き方も大切です。第一の聴き方と第二の聴き方を往ったり来たりすることが必要なのです。客観的認知だけでは、患者は理解されたとは感じないでしょう。一方、坊っちゃんに同一化するだけでは客観的に聴くことができなくなり、二人精神病、二人パラノイアになってしまう恐れがあります。

五〇代に入った私の聴き方

五〇代になって読んだときには、坊っちゃんは孤独で寂しい人なのだと思いました。坊っちゃんははじめのところで子どもの頃の無鉄砲なエピソードをいくつか語ったあと、家族について語ります。

おやじは些《ち》ともおれを可愛《かあい》がってくれなかった。母は兄ばかり贔負《ひいき》にしていた。この兄はやに色が白くって、芝居《しばい》の真似《まね》をして女形《おんながた》になるのが好きだった。おれを見る度《たび》にこいつはどうせ碌《ろく》なものにならないと、おやじが云った。乱暴で乱暴で行く末が案じられると母が云った。

その母は坊っちゃんが子どもの頃に死んでしまいます。

母が病気で死ぬ二三日《にさんにち》前台所で宙返りをしてへっついの角で肋骨《あばらぼね》を撲《う》って大《おお》いに痛かった。母が大層怒《おこ》って、御前の様なものの顔は見たくないと云うから、親類へ泊《とま》りに行っていた。するととうとう死んだと云う報知《しらせ》が来た。そう早く死ぬとは思わなかった。そんな大病なら、もう少し大人しくすればよかったと思って帰って来た。そうしたら例の兄がおれを親不孝だ、おれの為《た》めに、おっかさんが早く死んだんだと云った。口惜《くや》しかったから、兄の横《よこ》っ面《つら》を張って大変叱《しか》られた。

母の死に関して坊っちゃんはこれだけしか語っていません。坊っちゃんは母の死を本当に悲しむことがまだできていないようです。

母が死んでからは、おやじと兄と三人で暮していた。おやじは何《なん》にもせぬ男で、人の顔さえ見れば貴様は駄目《だめ》だ駄目だと口癖の様に云っていた。何が駄目なんだか今に分らない。妙《みょう》なおやじが有ったもんだ。兄は実業家になるとか云って頻《しき》りに英語を勉強していた。元来女の様な性分《しょうぶん》で、ずるいから、仲がよくなかった。

つまり坊っちゃんは父にも母にも愛されず、兄とも仲がよくなかった。その母は早く死んでしまう。その後父も卒中で亡くなります。父の死後、兄が家を売って財産を片づけて九州の会社の任地へ出立することになる。

九州へ立つ二日前兄が下宿へ来て金を六百円出してこれを資本にして商売《しょうばい》をするなり、学資にして勉強するなり、どうでも随意に使うがいい、その代りあとは構わないと云った。兄にしては感心なやり方だ。何の六百円位貰わんでも困りはせんと思ったが、例に似ぬ淡《たん》泊《ぱく》な処置が気に入ったから、礼を云って貰って置いた。兄はそれから五十円出してこれを序《ついで》に清に渡してくれと云ったから、異議なく引き受けた。二日立って新橋《しんばし》の停車場《ていしゃば》で分れ

たぎり兄にはその後一遍も逢わない。

坊っちゃんはその事に気づきもせず苦情も言っていないようですが、父の遺産の相続が坊っちゃんの関与しないところで決まってしまっているようです。余談になりますが、漱石の小説には遺産相続について主人公が不当な扱いを受けたというテーマが繰り返し出てきます。のちの作品では、主人公は遺産相続について不満をもち、だまされたと思うようですが、坊っちゃんは「兄にしては感心なやり方だ」と言っています。

六百円が現在のお金にしていくらぐらいになるかわかりませんが、坊っちゃんの中学教師の初任給が四〇円だから、六百円は初任給の一五倍です。遺産の分配金としてはそれほど大金のようには思えません。その上「その代りあとは構わない」というのですから、なんだか手切れ金のようです。その兄とも「新橋の停車場で分れたぎりその後一遍も逢わない」というのですから、坊っちゃんは孤独な身の上です。

坊っちゃんはこの六百円を学資にして物理学校を卒業し、清とも別れて、四国周辺ある中学校に赴任します。当時としてははるか辺境の地に行くという感じでしょう。清が「箱根の

さきですか手前ですか」と問うのでずいぶん持てあましたとあります。

その中学では坊っちゃんは生徒からは馬鹿にされ、同僚ともよい関係がもてません。ただひとり友人らしいのは同じ数学教師の山嵐ですが、その山嵐に対しても赤シャツや野だの中傷に惑わされて不信に陥り、おごってもらった氷水代一銭五厘を突き返します。他人の中傷ですぐに信頼を失ってしまうようでは真の友人とは言えないでしょう。その後仲直りはしますが、その山嵐とも東京に帰ったとき新橋で「すぐに分れたぎり今日まで逢う機会がない」とあります。

坊っちゃんは母とも父とも死別し、唯一の肉親である兄とも縁が切れ、ただひとりの友人の山嵐とも別れてしまいます。孤独ですね。

小説の終りのところで坊っちゃんは「清のことを話すのを忘れていた」と言い、清が坊っちゃんの帰りを喜んで「涙《なみだ》をぽたぽたと落した。おれも余り嬉《うれ》しかったから、もう田舎《いなか》へは行かない。東京で清とうちを持つんだと云った」と言います。その後坊っちゃんは月給二五円の街鉄の技手になり、清と暮し始めますが、その清もじきに肺炎にかかって死んでしまう。清は死ぬ前日に「坊っちゃん後生《ごしょう》だから清が死んだら、坊っちゃんの御寺へ埋《う》めて下さい。

御墓のなかで坊っちゃんの来るのを楽しみに待っております」と言う。「だから清の墓は小日向《こびなた》の養源寺《ようげんじ》にある」という一行で坊っちゃんの語りは終ります。寂しい終り方ですね。

清は坊っちゃんの実母だという説を言う人があるとどこかで読んだことがあります。小説のはじめで母が死に、終りで清が死にます。坊っちゃんが求めていたであろう「母なるもの」は失われてしまうのです。清は坊っちゃんにとって忘れることなどできないはずの人です。「忘れていた」坊っちゃんは清との深い一体感を自覚していないのです。そしてそれを失った悲しみもまだ自覚していません。

これから坊っちゃんはひとりで生きていかねばなりません。給料も中学教師であったときよりかなり少ない。愛する女性が現れる気配もない。ただひとり清が待ってくれていますが、それは養源寺の御墓の中です。

養源寺という寺の名前について、私は漱石が創作した名前だと思っていたのですが、のちにその寺は漱石が住んでいた駒込千駄木に実在するということを知りました。しかし、養源寺＝養いの源の寺という名前にも、坊っちゃんが求めていたものが示唆されていると思います。清が葬られるのにふさわしいお寺の名前です。

ひとりになった坊っちゃんはこれからどうやって生きてゆくのだろうと思うと、他人事《ひとごと》ながら心配になり、その寂しい人生に涙ぐみそうになります。

坊っちゃんの語りは、母の死、父の死、兄との別れ、清との別れで始まり、山嵐との別れと清の死で終ります。『坊っちゃん』という小説は大切な人の喪失から大切な人の喪失までの短い間の物語なのです。

このあと坊っちゃんには孤独感と抑うつが生じるはずと思いますが、そこは書いてありません。しかしこの後の漱石の小説の主人公はしだいに寂しい孤独の人になります。『それから』の代助、『門』の宗助、『道草』の健三、『こころ』の先生、皆孤独な人物です。『こころ』の先生に至っては自殺してしまいます。

五〇を過ぎて読んだときには、こんなふうに坊っちゃんの孤独が身にしみました。坊っちゃんの語り全体が、そこから暗黙のうちに訴えてくるものが、私の中に浸透してくるのです。私自身、両親は死に、子どもたちは家を離れ、友人はあっても、心の底まで打明けられるかというとそうはゆかない。仕事はむやみに忙しかったが、ときどき自分の人生はこんなふう

に終ってしまうのかと妙に寂しくなりました。坊っちゃんは家族もいないし、友人もそれ以上にいないようだ。これからどう生きてゆくのだろうと思うと、その寂しさが身にしみます。

五〇代の私は（そして七〇もなかばを過ぎた今ますます痛切になっているのですが）坊っちゃんの語りを聴いてその孤独を感じたのですが、これも同一化と言ってよいでしょう。ただ、中学生のときの同一化は、坊っちゃんが意識的に感じたり思ったりしていることへの同一化であるのに対し、五〇代の同一化は、坊っちゃんの一見明るい語りの奥にある、坊っちゃん自身自覚はしていないが本当は心の底で感じているであろう気持ちへの同一化です。私は、坊っちゃんの語りを聴きながら、それに触発されて生じてくる私自身の思いや感情にふれて、その衝撃を体験しているのです。そしてそれが坊っちゃんが心の底で体験しているであろうことと重なっているのです。私は心の仕事をしたと言ってよいでしょう。

私はこういうことを、治療者の「心の井戸」と患者の「心の井戸」が通底するという比喩を用いて述べたことがあります。患者の心を深く探ってゆくとき、治療者は同時に自分の心の深いところまで降りてゆくことになる。すると両者の心の井戸が深いところで通底していることに気づくのです。これを共感と言うのでしょう。このとき治療者が自身の心の深みにどこまでひらかれているか、自分が本当はどう感じているかを心の底まで見つめられるかどうかが問われます。

フランス文学者の内田樹（二〇一一）が『テクストの中にあって「いまだ語られざること」が開示されるのは、読み手がそこに生命の身体を介在させたときだけである』と語っていますが、私が坊っちゃんの「いまだ語られざる」孤独を感じとったのは、そこに生身の自分を介在させ、自信の心を感じとったからでしょう。

私が坊っちゃんの語りをどう聴いたかを述べてきました。

第一の聴き方（中学生のときの聴き方）は、坊っちゃんの立場に立ち、語られることをそのまま受け取り、批判することなく、ひたすら耳を傾ける。

第二の聴き方（精神科医になった頃の聴き方）は、坊っちゃんの語ることをそのまま事実と捉えるのではなく、この人はこう思っているのだな、しかし現実は、と客観視し、こちらの知識や理論に照らして判断する。

第三の聴き方（五〇代に入っての聴き方）は、坊っちゃんの語ることに触発される自分の思いや感情にも目を向け、それを通して坊っちゃんがいまだ語っていない心の深みにふれる。第一の聴き方、第二の聴き方、第三の聴き方で聴きとったその全体が坊っちゃんという人間なのです。つまり坊っちゃんの中に三つの人格があって、それぞれの人格が語っているのです。私は、そのときどきに、それぞれの人格の声を聴いたのでしょう。坊っちゃんが時代を越えて読み継がれるのは、読者がそこにそのときの自分に向けられたメッセージを読みとるからでしょう。

臨床家は患者の話をさまざまなレベルで聴きとるのです。患者の語ることを、私たちがそのときに置かれている状況と、その状況が内包する私たちにとっての意味によって、そのつど再構成していると言ってよいでしょう。そして患者の中にも実はさまざまな人格が存在するのです。私たちはそのときの姿勢によって、また力量によって、自身を知ることの深さによって、それぞれの人格の声を聴くのです。

ただし第三の聴き方には実は危険が伴います。自分自身の体験を重ねて聴いているうちに、自他の分化があいまいになるかもしれません。自分の感情や思いを相手に投影して、相手の中に自分を読み込んでしまうことにもなりかねません。そしてわかったつもりになってしまう。こういうひとりよがりのナルシズム的な心の状態に気づくことも治療者にとって大事なことです。すなわち、患者の深い思いを自身と重ね合わせることで感知すると同時に、自身の心の動きを意識化し、離れてみることが必要なのです。

坊っちゃんを権威に反発する快男児、世間から見ると困った人物、孤独な人物と読みとってきました。この三者には共通するものがあります。それは組織に受け入れられない、あるいは組織に入ることを潔しとしない個人がたどる運命です。そしてそういう人間は孤独にならざるをえないのです。

また余談ですが、『坊っちゃん』には組織、権威、体制といったものへの漱石の激しい反発が投影されているでしょう。漱石は帝国大学教授を約束されたエリートの座を捨てて、漱石のことばでは「大学屋」を捨てて、当時やくざな商売と見られていた「新聞屋」になりました。文学博士を授与するという文部省に反発して、今までどおり「ただの夏目なにがし」でいたいと博士号を辞退しました。時の権力者西園寺公望からの招待を「時鳥《ホトトギス》　厠半ばに出かねたり」と出席を断りました。

私はそういう漱石の振る舞いに惹かれています。痛快だと思う。しかし世の常識から言えば変わった人でしょう。文部省から見れば困った人かもしれません。そして漱石自身深い孤独を感じていたでしょう。坊っちゃんも『それから』の代助も、『門』の宗助も、『道草』の健三も『こころ』の先生も皆孤独な人物です。漱石の心に深い孤独がなければ、こういう人物を造形することはできなかったでしょう。

漱石は何人もの弟子たちから敬愛されていました。漱石も彼らに心を許し深い愛情を感じていたことは、弟子たちへの書簡を読むとよく伝わってきます。あんな手紙をもらったら心が暖かくなり、生きる勇気が湧くだろうと思います。深い孤独を経験した人にして、はじめて他者への本当の愛を感じることができるのでしょう。

おわりに

坊っちゃんに私自身の思いを重ねてお話ししてきたような気がします。私の理解を聞いて坊っちゃんがそのとおりだと言ってくれるかどうかは実はわかりません。

臨床家は患者をすべて理解することはできないのです。患者は私がそのすべてを理解することのできない独自の存在であり、私とは別の、ひとりの他者なのです。フロイトは「いつでもさらに発見すべきことがある」と言っていますが、これはつまりすべてを発見しつくすことはできないという意味だと思います。私たちは一人ひとり切り離された存在であり、ひとりで生まれ、有限の生を生き、ひとりで死んでゆくのです。そしてそれゆえにこそ、互いにいつくしみ合わねばならないのでしょう。精神療法家であるということは、こういういつくしみの心を日々新たにするということなのでしょう。

文献

土居健郎（一九六九）「漱石の心的世界」（『土居健郎選集七　文学と精神分析』（二〇〇〇）岩波書店）

Freud S（1913）「治療の開始について（精神分析技法に関するさらなる勧めⅠ）」（藤山直樹編・監訳（二〇一四）『フロイト技法論集』岩崎学術出版社）

成田善弘（二〇一四）『精神療法家の本棚―私はこんな本に交わってきた』みすず書房（この本の第一章（四）小説を読む　というところで『坊っちゃん』を私がどう読んだのかを書きました。本講演の出発点はそこにあります）

夏目漱石（一九〇六）『坊っちゃん』新潮文庫（二〇一四）（引用は現代仮名づかいを用いている新潮文庫によります）

内田樹（二〇一一）『最終講義―生き延びるための六講』技術評論社

あとがき

「精神療法」誌が臨床につながることなら何でも自由に書いてよいという場所を与えてくださったので、二年間一二回にわたってエッセイを連載した。「精神療法家のひとりごと」と題して、日頃漠然と思っていることや、ときどきひとりごとでつぶやいていることを文章にしようと試みた。いま校正刷を読み返すと、以前どこかに書いたこともいくつか含まれている。自分でも自覚しないままに、思いが外に現れていたのであろう。連載が終りに近づくにつれて、孤独や人生の終末について語ることが増えているように思うが、七七歳にもなったのだから仕方のないことなのだろう。

連載中に何人かの方が読んでいるよと声をかけてくださったり、感想を書いた年賀状をくださったりした。ありがたい。本書ではじめて読んでくださる方は、学問の本ではないので、気軽に楽しんで読んでいただきたい。

連載分だけでは一冊の本にするのに少々分量が足りないので、いままで活字になっていなかった「傾聴とはどういうことか―『坊っちゃん』（漱石）の語りを聴く」という講演を一つ付け加えた。連載一回目とつながる話だと思う。このテーマではじめて話をしたのは二〇一五年に立正大学で行われた日本ロールシャッハ学会第一九回大会の特別講演である。会長の沼初枝先生が私を招いてくださった。幸い好評のようだったので、その後二、三のところで似たような話をさせていただいた。私にとって思い入れの深い講演である。

連載中から、また本にするにあたって金剛出版の中村奈々さんのお世話になった。連載原稿を送るたびに感想を返していただいて、たいへん励みになった。記して感謝する。

平成三一年二月二八日

春を待ちつつ　成田善弘

■著者略歴

成田善弘（なりた　よしひろ）

成田心理療法研究室

1966年名古屋大学医学部卒業，愛知県立城山病院医員，名古屋大学医学部精神医学教室助手，社会保険中京病院精神科部長を経て，1994年椙山女学園大学人間関係学部教授，2002年桜クリニック嘱託（2011年まで），2003年大阪市立大学大学院生活科学研究科教授（2010年まで），2011年より現職

［著書］

『強迫性障害』（医学書院）

『贈り物の心理学』（名古屋大学出版会）

『精神療法を学ぶ』（中山書店）

『精神療法の深さ』（金剛出版）

『新版 精神療法家の仕事』（金剛出版）

『精神療法家の本棚』（みすず書房）　ほか

精神療法家《せいしんりょうほうか》のひとりごと

2019年4月20日　印刷
2019年4月30日　発行

著　者　成田 善弘
発行者　立石 正信

印刷・製本　音羽印刷

装丁　臼井 新太郎

装画　保立 葉菜

株式会社　金剛出版
〒112-0005　東京都文京区水道1-5-16
電話03（3815）6661（代）
FAX03（3818）6848

ISBN978-4-7724-1691-7　C3011

精神療法の深さ
成田善弘セレクション

［著］＝成田善弘

●四六判 ●上製 ●360頁 ●定価 **3,800**円＋税
● ISBN978-4-7724-1253-7 C3011

精神科診断面接における留意点
面接を構造化するポイント，臨床現場の実感，
全編に達人の臨床記録がちりばめられた最高の指南書。

新版 精神療法家の仕事
面接と面接者

［著］＝成田善弘

●四六判 ●並製 ●264頁 ●定価 **2,600**円＋税
● ISBN978-4-7724-1375-6 C3011

連載時から好評を博した面接論の名著，待望の新訂版登場。
初心者から中級者まで，
精神療法面接の懇切な指導書

新訂増補 精神療法の第一歩

［著］＝成田善弘

●四六判 ●上製 ●200頁 ●定価 **2,400**円＋税
● ISBN978-4-7724-0994-0 C3011

「精神療法とは何か」を問い
いかにその第一歩を踏み出すかを示す
精神療法家の道標となりつづける著作。